# Cómo Salir de Deudas

*Una Estrategia Probada Para Tomar El Control de Tu Libertad Financiera y Superar Las Deudas, Préstamos Vehiculares, Préstamos Estudiantiles, Hipotecas y Más*

*Volumen Completo*

*Por*

*Income Mastery*

## Libro 1: Cómo Salir de Deudas

*Una Estrategia Probada Para Tomar El Control de Tu Libertad Financiera y Superar Las Deudas, Préstamos Vehiculares, Préstamos Estudiantiles, Hipotecas y Más Volumen 1*

---

## Libro 2: Cómo Salir de Deudas

*Una Estrategia Probada Para Tomar El Control de Tu Libertad Financiera y Superar Las Deudas, Préstamos Vehiculares, Préstamos Estudiantiles, Hipotecas y Más Volumen 2*

---

## Libro 3: Cómo Salir de Deudas

*Cómo Salir de Deudas: Una Estrategia Probada Para Tomar El Control de Tu Libertad Financiera y Superar Las Deudas, Préstamos Vehiculares, Préstamos Estudiantiles, Hipotecas y Más*

*Volumen 3*

La información descrita en las siguientes páginas se estima, en términos generales, como una descripción veraz y precisa de los hechos y, como tal, cualquier falta de atención, uso o mal uso de la información en cuestión por parte del lector hará que las acciones resultantes sean únicamente de su competencia. No hay escenarios en los que el editor o el autor de este libro puedan ser considerados responsables de cualquier dificultad o daño que pueda ocurrirles después de realizar la información aquí expuesta.

Además, la información en las siguientes páginas está destinada únicamente a fines informativos y, por lo tanto, debe considerarse como universal. Como corresponde a su naturaleza, se presenta sin garantía con respecto a su validez prolongada o calidad provisional. Las marcas comerciales que se mencionan se realizan sin consentimiento por escrito y de ninguna manera pueden considerarse como auspicios de la misma.

# Tabas de Contennidos

# Libro 1: Cómo Salir de Deudas

*Una Estrategia Probada Para Tomar El Control de Tu Libertad Financiera y Superar Las Deudas, Préstamos Vehiculares, Préstamos Estudiantiles, Hipotecas y Más*

*Volumen 1*

**Por**

**Income Mastery**

# INTRODUCCIÓN

*"Es imposible crecer y prosperar sin realizar más inversión"*

**MBA Enciclopedia Gerencial**

¿Alguna vez te has preguntado cuál es el verdadero concepto de las deudas?

Hoy en día, muchas personas viven lo que se conoce como "la incertidumbre del dinero"; la clase pobre y la clase media vivían bajo ciertas reglas del dinero y, aunque es lamentable decirlo, actualmente es así. Tras la incertidumbre de lo que pueda pasar, las personas están actuando y viviendo financieramente según la antigua norma del "estudia una carrera importante, trabaja duro para que ganes un buen sueldo, ahorra dinero y gástalo". Sin contar que actualmente este sistema no funciona; el sosiego detrás de los hechos sin avances ha llevado a las nuevas generaciones a ahorrar de forma incompetente, la gente se encuentra sentada sobre un saco de dinero mientras cree estar guardándolo para su beneficio o esperando que la situación que viven ahora se estabilice, y por otra parte hay quienes están "ahorrando para gastar más adelante" sin entender que los ahorros pierden valor, especialmente cuando la inflación llega y crece más rápido que los intereses pagados en las cuentas de ahorro.

Si analizamos con cierta discreción y atención este último punto podemos llegar a preguntarnos ¿Entonces hay algo de beneficioso en las tarjetas de crédito, los créditos bancarios y otros tantos préstamos? La respuesta es sí, pero sólo si manejas el dinero con inteligencia financiera.

Todo este tiempo nos han hecho creer que esta es la forma correcta de hacer las cosas, conseguir un buen empleo, ascender, obtener un crédito para una casa y un carro, comprar "juguetes y caprichos" a plazos de pagos o por financiamiento bancario, pagar el mínimo de las tarjetas de crédito para que rinda más el dinero del mes o simplemente no endeudarte con nada, porque el dinero no es bueno y "las personas ricas no tienen deudas", pero en realidad no es así.

La forma en la que invertimos y gastamos nuestro dinero tiene mucho que ver con la manera en la que vivimos y vemos el mundo, tiene que ver incluso con la forma en cómo nos percibimos y nos proyectamos a futuro. Es importante destacar que aunque la técnica de "trabajar por algo que deseo hasta conseguirlo", sí funciona, los resultados son a corto plazo y muchas veces los contras son mucho más de los que pensamos; cómo no estar a gusto con tu trabajo, no conseguir el dinero completo, tener una mala experiencia laboral o simplemente notar que la satisfacción por haber obtenido lo que querías no duró tanto como esperabas y, entre otras tantas cosas estaremos pensando y actuando como personas pobres, aunque nuestra casa esté llena de esos pequeños "sacrificios convertidos en éxitos".

Durante muchos años nos han enseñado que la forma correcta de tener dinero es no tener deudas o que los ricos son ricos porque no poseen ninguna deuda, pero qué pasaría si te enteraras de que todo esto es un mito, que el dinero y algunos créditos no son malos y que existen las deudas buenas y las deudas malas. ¿Comenzarías a invertir de forma inteligente y adquirir algunas deudas con conciencia y vista de inversionista? Si tu respuesta es sí, la información que se encuentra en este libro te ayudará a aclarar las dudas que tengas respecto al dinero, a iniciar una estrategia que te acercará cada día un poco más a tu libertad financiera y a superar las deudas malas y no tener miedo de las buenas, porque un rico nunca pierde la oportunidad de tomar riesgos calculados.

Antes de iniciar con este viaje financiero dónde eliminarás mitos, tabúes y ciertos conceptos anticuados respecto al dinero, las deudas y sus variantes, es importante que conozcas el significado de algunos términos claves que te facilitarán la lectura y entendimiento de este libro.

**Dinero:** Es un medio de intercambio, por lo general en forma de billetes y monedas, que es aceptado por una sociedad para el pago de bienes, servicios y todo tipo de obligaciones. Su origen etimológico nos lleva al vocablo latino *denarius*, que era el nombre de la moneda que utilizaban los romanos.

*-Definicion (sitio web)*

**Ingresos pasivos:** Ingresos generados sin que tengamos que trabajar por ellos, por ejemplo, el ingreso generado por bienes raíces en renta, por negocios en donde no tengamos que estar presentes, o por activos en papel tales como acciones o bonos.

*-Robert Kiyosaki*

**Ingresos ganados:** Ingresos generados cuando trabajamos por ellos, por ejemplo, al tener un empleo, o un negocio que dependa de nuestra presencia física.

*-Robert Kiyosaki*

**Activos:** Todo aquello que nos genera ingresos pasivos, es decir, aquello que nos genera un flujo de efectivo, por ejemplo, una propiedad que alquiler, un negocio en donde no tengamos que estar presentes, o una cartera de acciones.

*-Robert Kiyosaki*

**Pasivos:** Todo aquello que nos genera gastos o nos hace perder dinero.

*-Robert Kiyosaki*

**Cuadrante del flujo de dinero**: Cuadrante que muestra cuatro diferentes tipos de personas de acuerdo al ingreso de dinero que obtienen; pueden ser: empleado (E), autoempleado (A), dueño de empresa o empresario (D), e inversionista (I).

*-Robert Kiyosaki*

**Apalancamiento:** Aquello que nos permite hacer dinero de manera significativa; puede haber apalancamiento de activos, apalancamiento de mano de obra, y apalancamiento financiero.

*-Robert Kiyosaki*

**Velocidad del dinero**: Velocidad con la que se recupera el dinero invertido en algún activo y luego se invierte en otro.

*-Robert Kiyosaki*

**Préstamo:** A nivel financiero, es un dinero que se solicita o pide en una entidad bancaria o similar. A la hora de adquirirlo, hay que devolverlo pagando intereses.

*-Definición (sitio web)*

**Deuda mala**: Deuda que nosotros pagamos.

*-Robert Kiyosaki*

**Deuda buena:** Deuda que alguien más paga por nosotros, por ejemplo, para una propiedad en renta, el banco nos da el préstamo, pero nuestro inquilino la paga.

*-Robert Kiyosaki*

**Buró de Crédito:** es una empresa privada, no gubernamental, que recibe información de los bancos y entidades financieras que otorgan créditos a una persona física o moral. Esta información se archiva en un historial crediticio bajo el nombre de quien lo solicitó y de esta forma se va recaudando información de cada crédito que adquieres, sus pagos y adeudos.

*-Iofacturo.mx (sitio web)*

**La inteligencia financiera:** Es esa parte de nuestra inteligencia que utilizamos para resolver problemas de dinero, es simplemente tener más opciones.

*-Robert Kiyosaki*

**Libertad financiera:** Concepto financiero que se define como, la capacidad de poder dejar de trabajar y seguir generando ingresos sin la presencia física de la persona, y poder obtener libertad de tiempo, libertad de movimiento, y libertad de decisión, básicamente se logra cuando tus ingresos pasivos (son ingresos que no dependen de tu trabajo) son superiores a tus gastos.

*-Robert Kiyosaki y Camilo Cruz*

**"La educación financiera alimenta la inteligencia financiera que conduce a la libertad financiera".**

*Libro Padre Rico Padre Pobre, Robert Kiyosaki*

# EL DINERO LLAMA EL DINERO

Existen múltiples creencias respecto al dinero, unas son manejadas por las mentes pobres (personas inteligentes y estudiadas que venden su tiempo a cambio de dinero para adquirir pasivos que parecen activos) y otras por las mentes ricas (personas que se educan financieramente, no tienen temor a correr riesgos, ven oportunidades en las deudas y buscan siempre la forma de invertir en activos). Queda de nuestro lado saber cuál seguir, el punto ahora está en saber diferenciar cuál es una creencia limitante frente al dinero y la abundancia y cuál no.

T. Harv Eker dice que nosotros tenemos una relación con el dinero que se forma muchas veces desde los 0 hasta los 7 años en una edad temprana o más adelante cuando tenemos una situación muy específica en nuestras vidas relacionadas con el dinero.

Para determinar cuál es el estatus de nuestra relación con el dinero lo más recomendable es hacer una evaluación de nuestros pensamientos con detenimiento y de cómo administramos nuestros ingresos y egresos. Este ejercicio nos permitirá conocer nuestros patrones de pensamiento, para una vez que tomemos conciencia de ello, podamos trabajarlos.

Esto quiere decir que nuestra relación con el dinero viene influenciada por todo lo que vimos, oímos y sentimos que tuvo una carga emocional fuerte en nuestra vida, así que si quieres mejorar tu relación con el dinero y hacer que fluya de manera abundante en tu vida debes prestar atención y trabajar en una nueva programación. Para ello, lo primero que debemos hacer es identificar nuestras creencias limitantes y luego dedicarnos a encontrar ejemplos de personas que tengan dinero y que sean extraordinarias.

Algunas creencias limitantes con las que hayamos crecido pueden ser:

1. Si tengo dinero voy a cambiar y mi familia se va alejar.
2. Si tengo dinero la gente no me querer de verdad.
3. Si tengo dinero soy menos espiritual.

4. El dinero se conecta con la infelicidad y la soledad.

5. El dinero no compra la felicidad.

6. Los ricos nacieron ricos o tienen suerte y yo no.

7. Es mejor trabajar por algo seguro y un buen sueldo que tomar riesgos en lo desconocido.

8. Tener muchas cosas materiales me hace más importante, no importa como las haya adquirido.

9. Es mejor no endeudarse nunca antes de caer en un buró crediticio.

10. "Prefiero ser pobre pero honrado", que en mi opinión es la peor de todas las anteriores, es como si eso significara que tener dinero no puede ser sinónimo de honesto y honrado con la manera en la que ganamos el dinero, y básicamente se traduce a un "no lo merezco".

Definitivamente, nuestra relación con el dinero y la manera como este fluye e influye en nuestra vida y nuestro bolsillo, mucho tiene que ver con el reflejo de lo que pensamos, lo que sentimos y decimos acerca de él. Creer firmemente en un universo de abundancia y en que somos el reflejo de nuestros pensamientos y de nuestros sentimientos, siendo entonces creadores de nuestras realidades, es uno de los primeros pasos para atraer el dinero de forma positiva en nuestra vida y conducirnos hacia el camino de la libertad financiera.

En congruencia con los pasos a seguir, una vez que reconocemos nuestras creencias limitantes, organizamos y visualizamos nuestros ingresos y egresos, y estamos dispuestos a atraer el dinero, comenzamos con la parte de seguir a las personas que están en el lugar a donde yo quiero llegar, desde el nivel uno "soy capaz de salir de mis deudas y transformar" hasta el nivel máximo "No importa si trabajo o no, el dinero trabaja para mi constantemente".

Tatiana Arias, una de las personalidades que más me ha influenciado en el camino de mi formación financiera, es una empresaria emprendedora que ha entendido muy bien cómo es que funciona la energía de dinero y honra su concepto, luego de haber vivido la máxima ganancia en sueldo, luego la bancarrota total, y salir victoriosa y mejorada de esto, nos cuenta que lo primero que debemos entender es que sin duda alguna el dinero es energía y podemos manejarlo en nuestras vidas con la misma facilidad como podemos bloquear su llegada con nuestras infinitas creencias limitantes; nos dice además que ninguna de esas creencias son ciertas, pensar que nuestra felicidad dependerá solo de la cantidad de dinero que tengamos en nuestra cuenta bancaria es uno de los principales bloqueos para alcanzar el éxito financiero.

"El dinero no es bueno ni malo, el dinero es un amplificador, es un medio que nos permite hacer intercambios por las cosas que deseamos en este momento, bien sean bienes o servicios".

Cuando entendemos el concepto del dinero de esta manera y le quitamos todas las emociones negativas al dinero y lo vemos simplemente como el recurso que podemos utilizar para ayudar a muchas personas, se convierte entonces en una herramienta muy poderosa.

En este punto, podemos decir entonces que el dinero no es bueno ni malo, pero la forma en como vemos, manejamos y utilizamos el dinero si puede ser catalogada de esta manera, según las consecuencias y beneficios de nuestros actos respecto a nuestras ganancias. Por tal razón, Robert Kiyosaki, afirma que una de las formas correctas de atraer el dinero es educándonos financieramente, conociendo las leyes del lugar en el que estamos invirtiendo o manejando un negocio para entender qué ventajas tenemos frente a una demanda y además ampliar el panorama de posibilidades y ver inversiones donde nadie más (o muy pocos) pueden verlas. Pero la única forma de llegar a esto es no trabajando por dinero, sino por amor a lo que haces y a lo que quieres lograr, equivocarte cuantas veces sean necesarias y aprender desde ventas y mercadotecnia, hasta contabilidad y leyes.

El mundo hoy en día se encuentra en una grave crisis financiera porque la forma en la que nuestros abuelos y nuestros padres fueron educados respecto al dinero, cómo recibirlo, manejarlo y aceptarlo quedó atrás. El sistema educativo actual está completamente caducado respecto a la nueva economía y el seguimiento de los niveles de inflación. Las personas aún son educadas sólo para trabajar, obtener un buen sueldo, comprar una casa y mantener a su familia, pero sólo quienes logran entender el verdadero valor y significado del dinero salen adelante por eso, los ricos son cada vez más ricos y los pobres son aún más pobres, dejando atrás a la clase media que, según cómo marchan las cosas, pueden extinguirse en cualquier momento y ser "del bando de los ricos o del bando de los pobres".

Robert Kiyosaki y Donald Trump han notado esta preocupante situación y en consideración han escrito un libro que se llama "queremos que seas rico" para iniciar el proceso de educación financiera en los ciudadanos de los Estados Unidos de América y para quienes tengan la disposición e interés de seguir las recomendaciones de este libro y vivan en otros países del mundo.

En este libro, Robert y Trump, comentan con preocupación que los ricos que quieren mejorar las cosas, solo donan dinero a las causas en las que creen. Pero ellos además de dinero para fundaciones y un porcentaje de las ganancias de este libro para las instituciones que enseñen de educación financiera, dan su tiempo enseñando y educando a través de su experiencia.

Trump y Kiyosaki en este libro, mencionan que existen tres clases de consejos financieros: para los pobres, para la clase media y para los ricos. El consejo financiero para los pobres es: "que el gobierno se hará cargo de ellos". Los pobres cuentan con la seguridad social y Medicare. El consejo financiero para la clase media es: obtén un empleo, trabaja duro, gasta lo menos posible, ahorra, invierte para el futuro en fondos de inversión y diversifica. La mayoría de las personas de la clase media son inversionistas pasivos: inversionistas que trabajan e invierten para no perder. Los ricos son inversionistas activos, que trabajan e invierten para ganar. Este libro te enseñará a ser un inversionista activo, a desarrollar tus recursos para vivir una vida maravillosa trabajando e invirtiendo para ganar.

Sabiendo esto, es muy importante que entendamos que lo único que el dinero no puede solucionar es la pobreza, simple y sencillamente por la falta de educación financiera. Intentar resolver nuestros problemas de pobreza con dinero sólo nos conducirá a una vida infeliz, insatisfecha o peor aún, pobre, porque el dinero sin educación financiera no elimina la pobreza.

Para iniciar esta transformación de pensamientos es importante que nos olvidemos por completo del merecimiento, desechar esa mentalidad de "yo merezco esto o aquello" porque soy un militar de alto rango, maestro, dueño de empresa, asalariado o simplemente pobre. La forma más práctica de solucionar este problema de malos resultados financieros, distanciamiento y poco rendimiento del dinero, es cambiar nuestra forma de pensar, comenzar a ver el mundo y pensar como ricos y no como pobres o clase media. Ya que que si continuamos esperando a que los demás con mayores capacidades y mejor rango que nosotros se hagan cargo, obtendremos una y otra vez el mismo resultado, porque como dijo alguna vez un sabio "nunca obtendrás resultados diferentes mientras sigas actuando de la misma manera". Si nuestra manera de ver el mundo y el dinero no cambia, seremos eternamente parte de una sociedad en quiebra, con gente muy bien educada pero económicamente inestables e inseguros.

# PRÉSTAMOS, MITOS Y VERDADES DETRÁS DE ELLOS

Albert Einstein dijo una vez: "Considero una locura seguir enviando a nuestros hijos a la escuela sin enseñarles sobre el dinero".

El conocimiento es poder, la importancia de estudiar y conocer de educación financiera hoy día, va más allá de sumar, restar, multiplicar y dividir, conocer de contaduría y administración de empresas. Es imprescindible conocer de forma consciente el trabajo de los números, los pros y los contras de las deudas, los mitos y las verdades respecto a los préstamos y sobre todo aprender a generar estrategias de negocios que nos posicionen en el máximo nivel financiero que es ser inversionistas. Así como lo describe Robert Kiyosaki en su libro cuadrante del flujo del dinero. Sin embargo, todos los grandes empresarios e inversionistas de éxito resaltan que es fundamental y de vital importancia estudiar historia a la par de nuestro entrenamiento financiero, pues esta, es la fórmula "secreta" de todos las personas ricas para no llegar a cometer los mismos errores de las generaciones pasadas e incluso, nos ayudará a prever el futuro de todas nuestras inversiones. Además, conocer de historia puede ser oportuno al momento de entender, interactuar y decidir en los acontecimientos mundiales, tanto a nivel político como a nivel financiero.

Como dice el refrán: "Quienes no aprenden de la historia están condenados a repetirla".

En el mismo orden de ideas, John Naisbitt en sus libros, Megatendencias, Megatendencias 2.0 y 11 Mentalidades para prever el futuro, nos habla sobre la importancia de la observación y del conocimiento histórico del país donde vivimos, de las finanzas, de los grandes casos empresariales y sobre todo el estudio diario de cada acontecimiento político, social y financiero que nos rodea, pues esto es lo que nos va a permitir programar nuestro cerebro y entrenarnos para conocer los acontecimientos futuros y lograr así prever e incluso salvar todas nuestras inversiones, y si es el caso, nuestra propia empresa.

John, en 11 Mentalidades para prever el futuro, define las mentalidades como:

*"Las mentalidades son principios o ideas claves que operan como estrellas fijas. Nuestra mente es como un barco a la deriva perdido en un océano de información y al aferrarnos a las estrellas fijas nos orientamos. Las mentalidades son las que mantienen nuestro rumbo y nos guían para que podamos llegar seguros a destino. Un propósito común de las once mentalidades expuestas en este libro es no perderse en aquello que no es esencial, sino en cambio concentrarse en las cosas que tienen y tendrán más influencia en nuestras vidas."*

Por consiguiente, puede decirse que una mente entrenada es una mente que busca oportunidades y no busca solución a problemas, porque sabe que en cada oportunidad hay un problema implícito que es capaz de resolver. Pero ahora, ¿Qué pasa con las personas que no estudian ni lo más mínimo sobre finanzas e historia, y además no entrenan su mente para los negocios y la búsqueda de oportunidades? Sencillo, se endeudan. Estas personas suelen recurrir siempre a sus tarjetas de crédito para gastos innecesarios, compran pasivos con financiamiento (lo cual genera aún más deudas y pérdidas por intereses muy altos), suelen trabajar demasiado y no ven el rendimiento de su dinero porque todo lo que producen se va en pagos a final de mes, más los intereses y los gastos hormigas; además de que las inversiones que hacen con dinero bancario suelen ser "equivocadas" debido a la falta de conocimiento sobre cómo multiplicar el dinero y hacer que este trabaje para ellos y no al contrario. Una inversión aparentemente adecuada puede ser la compra de una casa, pero lo que muchos no saben es que una casa (sin oportunidades de arriendo ni de sacarle provecho económico) se convierte en un pasivo fuerte y sumamente prolongado.

Aunque es importante saber que nada de esto es tan alarmante como parece, hay que considerar la necesidad (utilizando este término de forma un poco agresiva y tajante) de tener toda la información correcta y exacta respecto a los porcentajes de intereses, los préstamos, el buró crediticio y por supuesto las deudas buenas y malas.

Por esta razón es importante comenzar a educarnos respecto a todos los temas antes mencionados, empezando por desmentir algunas de esas "verdades" que escuchamos en la calle de gente inexperta (incluso de los mismos bancos y financiadoras) respecto a los préstamos bancarios y las deudas.

Casi siempre cometemos el error de escuchar consejos sobre el cuidado financiero y las inversiones, de personas no han logrado grandes cosas en su vida, o pero aún, no han logrado "nada" a nivel financiero, e incluso, solemos escuchar a personas de aparente éxito solo por su flujo constante de dinero sin antes preguntarnos si ese espacio en el que ellos están, es el lugar al que nosotros queremos llegar. Entre las cosas que suelen decirnos (y que en muchos casos, lamentablemente solemos escuchar) estas serían las más comunes:

- Lo créditos bancarios son malos porque tienes que pagar muchos intereses a un alto precio.
- Todos los intereses sean de un préstamo bancario o un financiamiento en otra

entidad, son demasiados altos y nunca podrás terminar de pagarlos.

- Mientras más corto sea el plan de financiamiento es mejor porque así no perderás dinero. Es importante aclarar que todos los financiamientos generan intereses por lo tanto pueden verse como una pérdida de dinero según haya sido la inversión. En esto nada tiene que ver los tiempos, pues genera mayor peso la importancia de lo que se haya adquirido y las ganancias que nos generará.

- Es mejor que inviertas en una casa propia y vayas pagando el crédito como puedas. Este consejo puede ser bueno según el nivel de inflación del lugar dónde nos encontremos, pero si es en una economía estable o moderadamente estable, no aplica.

- No importa lo que compres o si te va a funcionar, cuando veas que lo puedes adquirir por financiamiento o cuotas hazlo, pues será siempre una buena inversión.

- Los bancos son lo peor, si no pagas las cuotas del banco a tiempo, caerás en algo que llaman el buró crediticio y quedarás completamente vetado de todos los créditos por los que quieras optar.
- ¡Cuidado con el buró crediticio, eso es parte del gobierno y saben todo de ti!
- Si no pagas a tiempo te van a embargar y te van a quitar todo lo que tienes hasta dejarte en la calle.

Citando nuevamente a John para confirmar todos estos puntos anteriores y la importancia de saber a quién sí escuchar y a quién no, debemos recordar que: *"Las cosas que esperamos que sucedan siempre suceden más lentamente"*, lo que quiere decir que si escuchas este tipo de cosas y además las sigues y las crees de forma vehemente, así mismo terminarán sucediendo. Aunque para no dejar dudas ni información equivocada es mejor continuar leyendo pues hablaremos de los 7 mitos de los préstamos, explicaremos lo que es realmente el buró crediticio y más aún hablaremos de los dos tipos deudas y cuando adquirirlas.

Es entendible que nos aterre la idea de endeudarnos y pensar en llegar hasta el punto de no poder cumplir los pagos, además de recordar a nuestros padres hablando sobre la importancia del ahorro, la mesura y la disciplina. Pues estas son las herramientas necesarias para la superación profesional y para superar cualquier imprevisto de nuestra vida cotidiana. Sin embargo, es entendible que la situación económica del país, los altos costos de la vida diaria y las emergencias imprevistas a veces nos obliguen a mirar hacia un camino conocido como "el préstamo".

Ahora, para eliminar esos temores e informarnos más sobre estos temas crediticios y tomar mejores decisiones en el futuro, comencemos con los mitos.

## **Mito 1:  El Buró crediticio pertenece al gobierno y registra a todos los deudores**

La realidad es que aunque el buró crediticio comparte nuestra información con las entidades bancarias, es simplemente una empresa privada que nada tiene que ver con el gobierno y que solo maneja información certera y concreta de todas las personas que hemos recibido un crédito bancario alguna vez, lo que no significa estar en una lista negra, por tanto el buró es solo una empresa que contiene nuestra data bancaria.

## Mito 2: Si estás en el buró no puedes optar por ningún crédito

FALSO. Esto no necesariamente implica quedar exonerados de algún crédito solo por tener nuestro historial bancario y de pagos, nuestra información crediticia permanece en la base de datos del buró por 6 años. Es importante saber que desde el primer momento en el que pagamos el crédito, nuestros nombres y comportamiento financiero quedan completamente registrados, pues el buró actualiza nuestra información cada 10 días y con esta data los bancos deciden si otorgarnos el crédito o no.

## Mito 3: Pagar por pagos mínimos siempre será la mejor forma

Este realmente es uno de los mitos más comunes y mayor cumplidos de la historia financiera; esto es un mal hábito financiero porque aunque en algunos casos puede ser una gran opción (de acuerdo al negocio que estemos realizando, los intereses y el índice de inflación), en otras ocasiones puede ser "cuchillo para nuestra garganta", puesto que el truco de la ganancia está en los intereses. Lo que quiere decir que: entre más tiempo demoremos en pagar, más ganancias obtendrá el banco.

## Mito 4: Los préstamos personales son un ingreso extra

Esto también es falso. Un crédito personal es una deuda que debe pagarse. Este es el mismo error que se comete al creer que las tarjetas de créditos son para un disfrute. Todos los créditos generan intereses por lo tanto poseen responsabilidad de pagos. Es importante recordar que todos los créditos generan ganancias a través de los intereses.

## Mito 5: Solicitar préstamos a las amistades o a nuestros conocidos es mejor que pedirlo al banco

Este es el principal mito que debemos eliminar de nuestra cabeza, primeramente porque puede traernos muchos problemas familiares y financieros. Además el pedir préstamos a nuestros conocidos puede parecer ventajoso pero esto realmente lo es si el monto es muy bajo y nos comprometemos a pagar en una fecha oportuna para ambas partes, permitiendo que esto sea a corto plazo o a uno no mayor de más de 3 meses.
.

Es preferible que si requerimos de un préstamo mucho mayor, lo solicitemos a las entidades bancarias, cooperativas u otras entidades financieras, analizando por supuesto cual es la que nos ofrece mejores formas de pago y menores tasas de interés. Si no disponemos de una entrada de dinero que nos genere una buena capacidad de pago, entonces lo mejor es no endeudarse puesto que podríamos poner en juego toda nuestra reputación y perder relaciones con nuestros amigos y familiares.

Es importante destacar que la única ventaja de pedir préstamos a nuestros allegados es que este préstamo aunque es a corto plazo puede no generarnos pérdidas por intereses. Sin embargo, el mejor consejo es simplemente no obtener este tipo de préstamos - deudas.

## Mito 6: Todo crédito que nos otorgan es porque podemos pagarlo

Esto puede ser cierto y al mismo tiempo no serlo, de hecho es un mito relativo; efectivamente la entidad hace una evaluación crediticia de nuestro perfil e historial bancario y verifican si tenemos la capacidad de pago suficiente como para hacernos cargos de la responsabilidad financiera que estamos por adquirir, pero esto no significa una garantía de pago ni de préstamo.

Muchos economistas sugieren que cuando deseemos endeudarnos, consideremos si este préstamo puede valer la pena, es decir que sea una buena deuda, de esas que se toman como una inversión que genera grandes beneficios a futuro. y que aunque nos ofrezcan más de lo que hemos pedido. Para ello, debemos considerar nuestra situación actual y ser sinceros acerca de si podremos adquirir tal deuda o no. Es bueno recordar que entre menos nos endeudemos y en menor tiempo hagamos los pagos, es mucho mejor para nuestros bolsillos y nuestra tranquilidad.

## Mito 7: Si no pagas te van a quitar tu casa y los cobradores no dejarán de llamarte

Es cierto que todas las financiadoras tienen un despacho de cobranzas, y que su función consiste en ser persistentes al momento de cobrar, tanto así que en ocasiones pueden llegar al punto de caer en el acoso. Sin embargo existen entidades especializadas que se encargan de publicar los lineamientos de conductas para los departamentos de cobranzas de las empresas y así evitar que hagan llamadas en horas inapropiadas o tomen acciones que invadan nuestra privacidad.

Aunque es bueno saber que la mejor manera de evitar a los cobradores es pagando puntualmente y manteniendo al día todos nuestros pagos crediticios. Además, esto nos exonera de perder lo que hemos hipotecado.

En este punto es bueno mencionar el mito sobre los embarques. Normalmente tendemos a caer en este mito por falta de conocimiento. Nadie puede quitarnos nuestra casa ni ningún otro bien sin que lo hayamos puesto como una garantía, a menos que hayamos adquirido un crédito hipotecario. pero usualmente las empresas que otorgan préstamos personales piden un aval o una garantía que según el momento puede ser desde un teléfono, una tv o cualquier electrodoméstico, hasta una casa o un carro.

Por otro lado, existen algunas entidades financieras que pueden ofrecerte los créditos sin la necesidad de presentar un aval, sencillamente porque tenemos un buen historial crediticio.

Cabe destacar que existen empresas que no piden ningún tipo de aval y suelen realizar los préstamos personales con tasas de interés mucho más bajas, en comparación con el resto. Este es el caso de algunas empresas que prestan dinero a través de la web, es decir, que los créditos personales son por internet y a cambio solo debes poseer un buen historial financiero.

En el mismo orden de ideas, conociendo ya estos mitos respecto a los préstamos, entendiendo el significado del dinero y cortando con tantos tabúes, es importante considerar algunas recomendaciones respecto al tema ya expuesto.

Recomendaciones:

- Armar un presupuesto del gasto fijo mensual y de las entradas seguras de dinero, nos ayudará a mantener en orden en nuestras cuentas y a conocer con qué cantidad de dinero podemos contar diariamente y con qué no. Para poder mantener este presupuesto en orden el primer paso es conocer cuál es el monto de dinero fijo mensual que recibimos, luego de eso, lo mejor que podemos hacer es domiciliar los pagos de servicios como luz, agua teléfono, entre otros, directamente a nuestras, conociendo cual es el mínimo mensual de gastos generales de los servicios, pero calculandolo al máximo para prever y no tener pérdida de dinero ni números en negativos al momento de sacar cuentas.

- Otra recomendación importante para no adquirir más deudas impagables es no llenarnos de intereses que superen (entre la suma de todos) más del 30% de nuestras ganancias mensuales, porque solo así podrás llevar un mejor control del sobrante de dinero para gastos básicos necesarios.

- Olvídate de los gastos hormigas, esos que nos quitan el dinero por compras innecesarias y caprichosas, que se ven pequeñas en montos pero a fin de mes suman un número bastante considerable para efectos de nuestros gastos y nuestros ahorros.

- Por último pero no menos importante, recuerda jerarquizar tus deudas y gastos fijos y olvidarte de la idea de que las tarjetas de crédito son dinero en efectivo porque no es así, ellas generan deudas en interés y aportan información a nuestro historial crediticio.

Muy bien, ahora que conocemos todos estos mitos, podemos tener más conciencia al momento de adquirir algún préstamo bancario o deuda, pero antes de asumir la posición de líderes financieros y negarnos por completo a asumir alguna deuda (porque esta posición también es válida y muy acertada) debemos conocer la diferencia entre una deuda buena y una deuda mala.

# ¿Cuándo tiene sentido Endeudarse?

Si nuestro objetivo es alcanzar la libertad financiera, es importante saber que existen deudas que ayudarán a alcanzar ese objetivo y otras que definitivamente nos alejaran de él. Si continúas leyendo con entusiasmo, es porque definitivamente este tema es para ti. En esta sección analizaremos de qué trata todo esto de las deudas buenas, algo que hemos pensado que no existe y probablemente sólo la hemos leído en este libro.

Cuando hablamos de deudas podemos distinguir dos tipos, las deudas buenas y las deudas malas, saber reconocerlas nos hará más ricos.Pero si aún no somos capaces de identificar las diferencias entre ambas, peligrosamente podremos quedar estancados por un largo tiempo en la carrera de la rata, nosotros y nuestro flujo de dinero constante pasarán de las utilidades y los intereses positivos, al engañoso estado de la carrera de la rata, término que Robert Kiyosaki explica y define como el estado en el que trabajamos unicamente para salir de deudas y conseguir cada vez más crédito. Lo cual nos hará caer en un ciclo eterno de cobrar - pagar -adquirir nueva deuda.Provocando como resultado que sea mucho más difícil alcanzar la libertad financiera que tanto anhelamos.

Ahora bien, si nuestra meta no es llegar a la vida de los muy mencionados Robert Kiyosaki y Donald Trump, la vida con libertad financiera, sino el alcance de capital estático (inversión en bienes muebles vendibles como televisores, electrodomésticos, juegos de sofá, equipos de sonidos, entre otros) este ciclo o esta carrera de la rata puede ser una opción o un juego válido para alcanzar ese objetivo.

En este punto de seguro te preguntarás, entonces ¿Cuáles son las deudas buenas y las deudas malas? Pues bien, las deudas malas son todas aquellas que adquirimos y que únicamente pueden beneficiar a una entidad bancaria o a cualquiera que haya sido la entidad que nos concedió el préstamo y que en nuestro balance balance personal (ese que ya hemos hecho previamente para conocer nuestras entradas y salidas) se convierte en un pasivo que constantemente nos genera gastos e intereses muy altos de pagar (más del 30% de nuestro ingreso fijo mensual). Por lo tanto, se transforman en un gasto que saldrá directamente de nuestro bolsillo y que sólo podremos pagarlo nosotros con nuestra entrada fija mensual, y no con la ganancia percibida del crédito adquirido.

Un ejemplo clásico de una deuda mala, es adquirir un bien o servicio de algo que realmente no necesitamos y que solo responde a un capricho o impulso del momento como pueden ser una nevera nueva o un televisor más grande a pesar de que el que ya tenemos aun funciona, o unas vacaciones de tres semanas por las que nos veremos obligados a pagar intereses muy altos durante más de tres meses.

El hecho de adquirir una deuda mala, puede reflejar la falta de control y de disciplina que tengamos con nuestras finanzas, además de poco conocimiento en educación financiera; éstas deudas normalmente solemos adquirirlas de forma poco inteligente y con instrumentos crediticios muy peligrosos como pueden ser los prestamistas, las tarjetas de crédito, los financiamientos a largo plazo, entre otros.

Pero por otro lado, existe el mundo poco conocido, o mejor dicho, sólo conocido por las personas de éxito, es decir, las que poseen educación e inteligencia financiera; y es el mundo o la realidad de lo que definen como "las deudas buenas". Estas son todas aquellas deudas que adquirimos para generar activos que a su vez generen aún más activos, pero esto solo es posible cuando nos endeudamos inteligentemente. Es decir, que adquirimos bienes activos que nos generan una retribución financiera, o más concretamente, producen dinero por nosotros; como puede ser la adquisición de un local comercial, una propiedad que nos genere ganancias (bienes raíces que podamos arrendar), una formación superior (porque educarnos financieramente y de forma correcta siempre será una buena inversión) o adquiriendo una antigüedad que se revalorice con el tiempo por su importancia histórica. Para este último punto es importante conocer de historia para evitar adquirir productos mal llamados antigüedades, que en lugar de revalorizarse sufren depreciación, es decir, pierden su valor económico.

Un ejemplo muy claro, aportado por Robert Kiyosaki, es la inversión en bienes raíces. Si una entidad bancaria nos ofrece un crédito de 500.000$, podemos tomar ese crédito y con el optar por dos opciones; podríamos conseguir la compra de una propiedad en 100.000$ o menos, el dinero restante devolverlo al banco como pago inmediato del crédito, esta propiedad ponerla en alquiler que pueden ser un aproximado de 1200$ deduciendo los impuestos, y con este alquiler pagar las cuotas pendientes del crédito restante. Seguramente obtendremos una ganancia restante de unos 200$ netos, 200 con los cuales no contamos mensualmente como entrada constante.

Por otro lado, con el crédito podríamos comprar 5 propiedades de 100.000$ y arrendarlas; las cuotas del crédito serían aproximadamente de 5000$ mensual, si cada arriendo nos produce una entrada de 1200$ deduciendo impuestos, obtendremos 6000$ netos, con los cuales podremos pagar la cuota mensual del banco y además nos quedaría un activo de 1000$ mensual que se incrementa al terminar de pagar el crédito. Precisamente esto es lo que se conoce como manejar el dinero de forma inteligente, adquirir deudas buenas, generar activos constantes y definitivamente hacer que el dinero trabaje para nosotros, pero esto sólo podemos verlo como una oportunidad de inversión cuando poseemos inteligencia financiera.

# CÓMO SALIR DE DEUDAS Y COMENZAR A GANAR

Si deseas dejar de ser pobre y comenzar a vivir una vida rica y millonaria, sin ser víctima de los cambios globales, es importante que desarrolles lo más importante que tienes contigo, TU MENTE, pues tu educación financiera es el motor principal para tu crecimiento económico.

Recuerda que los ganadores tenemos aspiraciones elevadas, entusiasmo y planes a corto, mediano y largo plazo. Tal vez tus ideas pudieran parecer fuera de la realidad, pero todo comienza con un sueño y una idea descabellada, sólo presta atención a los detalles y concéntrate en ver cuales te pueden llevar a hacer tus sueños realidad. Donald Trump dijo un día en una reunión con empresarios importantes: "Yo invierto para ganar ¿tú no?" y solo quienes tenían una verdadera educación financiera se sintieron identificados con esto, porque sólo los ganadores invierten para ganar, los demás invierten para no perder.

Los grandes líderes empresariales e inversionistas recomiendan a las personas que deseen vivir como ellos, comenzar a asumirse exitosas y ser muy obstinadas hasta el punto de lograr todos los objetivos planteados. El pensamiento positivo y la constancia funcionan y tienen mucho poder, ser un ganador requiere esa clase de poderes, bien seas extrovertido o introvertido puesto que la timidez aquí tiene poco que ver.

La ignorancia es muy costosa, mucho más que la educación, y eso incluye la educación financiera. El temor a lo desconocido muchas veces nos hace perder oportunidades millonarias, no permitas que eso se robe tus aspiraciones y bienestar financiero impidiéndote lograr la vida de los grandes. El poder sobre nuestras emociones y pensamientos es una de nuestras mayores fortalezas y es clave importante para el éxito, ser positivo y enfocarte en tu educación financiera puede ayudarte a superar situaciones difíciles y a determinar a esas personas que solo desean que te sientas incapaz para aprovecharse de ti.

Aprende sobre el dinero, comete errores, edúcate y esfuérzate cada día más hasta conseguir que el dinero trabaje para ti, esa es la clave de las inversiones exitosas.

Pues bien, ahora que tenemos varios conocimientos sobre los conceptos claves de cómo funciona la energía del dinero, de cómo podemos manejarlo con inteligencia y de cuáles son los pasos a seguir y la forma de pensar de un triunfador, es importante entender también cómo podemos salir de nuestras deudas de forma rápida y sin más complicación que generar un buen plan de acción.

La mejor forma de comenzar es sin duda, creándonos el hábito de llevar un balance mensual de todos nuestros ingresos y egresos, esto nos permitirá entender con mayor exactitud en qué estamos gastando nuestro dinero y como lo estamos administrando, si está bien o si realmente lo estamos malgastando. Esto es importante porque muchas veces no tenemos conciencia del por qué nos endeudamos, en qué gastamos el dinero ni en qué lo invertimos, y muchas veces no sabemos si realmente es necesario para nuestro crecimiento financiero esa inversión o gasto que estamos pensando en hacer y terminamos entonces con una lista inmensa de todas las cuentas por pagar que con el tiempo solo nos generarán un gran dolor de cabeza, frustración y hasta mucha desilusión y desmotivación.

Para todo esto hay una solución sencilla, si comenzamos a creamos la costumbre de analizar minuciosamente nuestros gastos, podremos saber con mayor claridad cuáles son realmente importantes y necesarios y cuáles no lo son, de tal forma seremos mucho más inteligentes al momento de adquirir nuestras deudas y desde el primer instante generaremos nuestro plan de acción para salir de ellas lo antes posible y sin ningún tipo de complicaciones.

Hay diversos ejercicios y formas para llevar nuestro control financiero, este práctico ejercicio que te leerás a continuación, te ofrecerá un método que consta de solo cuatro sencillos pasos para salir fácil y rápido de todas las deudas que puedas tener y te permitirá tener el control absoluto de tu dinero e incluso la conciencia de gasto (en que gastar y en qué no hacerlo) que pocos tienen.

## PASO 1

### *IDENTIFICA EN DÓNDE ESTÁS JUSTO AHORA*

El primer paso es tan simple como identificar donde te encuentras, una pregunta que parece ser muy sencilla pero que lleva un trabajo de análisis e internalización importante y profundo.

¿Dónde te enuentras hoy? Es de suma importancia que respondamos con claridad y honestidad dónde nos encontramos financieramente en estos momentos, porque esto es lo que nos empujará al lugar donde nos gustaría estar, y a su vez nos permitirá tener claro qué debemos hacer para lograr llegar allá. Es por tanto, un aspeto de vital importancia.

Sentarnos, calcular y obtener la cifra total de nuestra deuda es el paso 1.1. Es importante aclarar que luego de conocer esta suma y ver si disponemos o no del dinero para salir de ella pronto es algo que nos puede generar mucho estrés, pero es necesario que tomes este primer paso como el inicio para alcanzar el viaje de tus sueños, o mejor aún para alcanzar tu tranquilidad financiera. Al final este proceso se convertirá en una consecuencia positiva por haber realizado este ejercicio.

Todo eso es necesario porque para saber cómo salir de todas nuestras deudas, lo primero que debemos hacer es un inventario de cuánto dinero debemos, a quiénes y la razón del por qué lo debemos, es decir, en qué lo gastamos. Para ello, haremos un cuadro de varias columnas en un archivo Excel, Word o en un cuaderno que destinaremos para el control de nuestras finanzas, y las clasificaremos de la siguiente manera:

Primera columna, identifica a quienes le debes (nombre del sujeto o tienda).

Segunda columna, cuál es la suma total de la deuda a cada nombre o factura anteriormente mencionada, si son varias facturas especificarlas y sumarlas todas, para colocar luego el monto final obtenido (es importante colocar los artículos en los que gastamos ese dinero).

Tercera columna, colocar cual es la suma total de intereses que generen las deudas (esto de ser deudas con intereses como préstamos o tarjetas de crédito, créditos bancarios, compras financiadas, etcétera).

Cuarta columna, establece un pago mínimo mensual y si debes a amigos o compañeros, establece una cuota de pago a cada uno proponiéndoles devolverles su dinero así sea en partes. Suma todos estos pagos y establece cuál es tu pago mínimo mensual total, para proponerte mensualmente esta meta y sacarla del dinero que dispones para comida y otros gastos. Si por otra parte, recibes dinero quincenal o semanal, puedes adaptar esos pagos mínimos a semanas o quincenas para que logres salir de estas deudas aún más rápido.

## PASO 2

### *USA EL MÉTODO "BOLA DE NIEVE"*

El método de bola de nieve de deuda es una estrategia propuesta por Dave Ramsey, autor de "La Transformación Total de su Dinero", y es realizada para eliminar las deudas personales que hemos adquirido a través de las tarjetas de créditos, hipotecas y otros; este método consiste básicamente en pagar primero la deuda más baja, y efectuar pagos mínimos a las otras deudas más grandes. Así una vez hayas pagado esa primera deuda (la más pequeña y de menor costo), te concentrarás en la siguiente deuda de menor cuantía, y así sucesivamente hasta llegar a la más grande o incluso al pago total de todas.

Según Dave Ramsey, esta estrategia se utiliza de la siguiente manera: si, por ejemplo tienes una hipoteca de 100.000 dólares, adicional tienes un préstamo personal de 15.000 dólares, también tienes 1.200 dólares de gastos en una tarjeta de crédito y 500 $ de gastos en otra de las tarjetas de crédito y, además tienes gastos de un recibo o dos pendiente de unos 100$ en la biblioteca o el gimnasio o algunas clases que tomes, entonces te deberías concentrar en liquidar primero esa deuda de 100 $, haciendo además, aportes de pago mínimo al resto de tus deudas (el pago mínimo por deudas y en general que determinaste en el paso 1). Luego de haber pagado en su totalidad esta primera deuda, deberás concentrarte en liquidar la deuda siguiente de menor monto, en este caso, la de 500 $ que tienes en una de tus tarjetas de crédito.

Algunos contadores y economistas piensan que este sistema va totalmente en contra de la lógica financiera, pues cualquiera de ellos te dirá que pagues primero, y lo más pronto posible, aquella deuda que independientemente de si el monto el alto o bajo, te genere o cobre mayores intereses porque "de esta manera la deuda crecerá menos a lo largo del tiempo y podrás utilizar tu dinero de forma más eficiente". Aunque esto es cierto de alguna forma y puede funcionar, este método de bola de nieve no te dice que dejes de pagar el mínimo de las otras deudas, por esta razón lo hace eficiente puesto que, lo que realmente está detrás de la estrategia tiene que ver muy poco con la eficiencia y mucho más que ver con algunos principios psicológicos que modifican el comportamiento humano. Es por esto que la bola de nieve tiende a funcionar mejor que cualquier otra estrategia para muchas personas.

¿Por qué? Pues muy sencillo, al pagar primero o apartar cada centavo de dólar que tienes disponible para enfrentar la deuda más pequeña o de menor costo, podrás ir tachando ese monto relativamente rápido de tu lista de deudas, quedando así, más efectivo para pagar la siguiente deuda que será la próxima de menor cifra y de esta manera, al ir consiguiendo esas rápidas pequeñas victorias tu motivación irá en aumento. Lo cual es muy importante porque si te preocupas demasiado (hasta el punto de estrés y caos emocional) por la cantidad de dinero a pagar y te enfocas primero en las deudas más grandes, será mucho más fácil que llegues a sentirte impotente ante la gran cantidad de deudas acumuladas. Pero enfrentando las deudas más pequeñas hasta llegar a eliminarlas pronto de tu lista, comenzarás a ganar la batalla y te darás cuenta de que eres capaz de ganar esta guerra financiera.

Esta estrategia trabaja entonces la motivación, permitiendo ver que desde la organización económica y estableciendo un margen de gastos semanales, mensuales o quincenales, podrás poner fin a esa lista de cuentas por pagar. Muchas veces es mejor seguir la naturaleza humana que ciertas lógicas numéricas (aunque funcionen), pero claro está que este método funciona mejor con cierto tipo de personas. Tal como funciona cualquier otro método psicológico y cognitivo, aunque nunca estará demás el conocer otras alternativas.

No te sientas abrumado cuando vayas sacando la estructura de los pasos 1 y 2, este proceso es muy parecido a cualquier otro que se pueda pasar en un entorno de productividad personal hasta el punto en el que puedes llegar a que la montaña llamada "deudas" (demasiadas tareas y proyectos pendientes de terminar) te sea tan abrumadora que puedas llegar a sentirte perdido, desenfocado o desesperanzado.

Entonces en ese caso, es posible que el enfoque de la bola de nieve, pueda ayudarte a encontrar la motivación que necesitas para volver a poner todo en orden. No olvides que cada vez que pagues y hayas solventado ya tus asuntos diarios obligatorios, te dediques entonces a enfrentar esa pequeña tarea adeudada y comiences a tachar, tachar y tachar todos los números negativos que ya fueron pagados.

Recuerda comenzar desde lo más pequeño, porque si te enfrentas a una tarea gigante y un poco intimidante probablemente te asustes, pero si reduces la dimensión del problema y lo haces lo suficientemente pequeño, irás consiguiendo ganar las batallas cada vez con mayor rapidez. Y así, una vez tomado todo el control de tu vida financiera te sentirás lo suficientemente motivado y comenzarás ahora a pensar con una lógica matemática diferente y mucho más cuidada y óptima. De esta manera te resultará sencillo frente a cualquier decisión económica, atuar con eficiencia y sentido común.

Tatiana Arias y muchas otras personas han utilizado este método y lo han validado, luego de haber visto buenos resultados, y recomiendan otro plus para esta estrategia que también puede funcionar y es que una vez que hayas pagado las deudas más pequeñas, pongas el enfoque entonces en pagar esa deuda que genera mayores intereses, puesto que esa será ahora la que te libere más dinero cuando la pagues mes tras mes. Pero adicional a escogerla y enfocarte en ella, el consejo es que pagues un poco más por encima del pago mínimo así sean 5 $, 10 $ o la cantidad de dólares que se encuentre dentro de tus márgen de posibilidades y que eventualmente no te deje corto a fin de mes para pagar otros gastos fijos mensuales.

Casi siempre en las finanzas el hábito es más importante que la cantidad, es por eso que, en estos casos deudores, si se quiere salir lo más pronto posible de las cuentas por pagar, es de suma importancia entrar en una dinámica de pagar un poco más del mínimo cada mes.

Aún faltan dos pasos más, pero sólo aplicando estos dos primeros con constancia, puedo asegurarte que lograrás salir de tus deudas con mucha rapidez e inteligencia.

Recuerda que la actitud que tengas dependerá de tu motivación para seguir el plan, y que además solo nosotros tenemos la capacidad de hacer esta tarea más fácil y sencilla si poseemos una mentalidad de enfoque, perseverancia, positivismo y por supuesto ánimo y disposición de ganador.

### *ROCKY POWER*

Aunque no lo parezca este es uno de los pasos más importantes para conseguir salir de las deudas, puesto que es el que nos mantendrá enfocados en nuestro objetivo, dejar los números rojos en cero.

Quienes hayan visto la película de Rocky podrán recordar que unas de las cosas que caracterizaban a este personaje eran su perseverancia y tenacidad para alcanzar su meta, que era simplemente salir a ganar, por esta razón este paso se llama así, porque al igual que él nosotros debemos cuidar mucho nuestra actitud ante las circunstancias. Ya que, afin de cuentas será esta la que determine el tiempo que tardaremos en pagar nuestras deudas según las fechas y metas que nos fijamos.

Es importante dejar de dudar de nuestra mente y capacidad para conseguir las cosas, porque la actitud correcta de enfoque es la que nos llevará a entender cómo funciona la energía del dinero, cómo mantenernos libres de deudas y hacer las paces con ellas, para comenzar a invertir de manera inteligente nuestro capital.

## PASO 4

### *DINERO POSITIVO*

En este paso es donde se encuentra la magia que nos va a permitir salir de deudas sin la necesidad de ganar más dinero del que ya ganamos; claro, si consigues la oportunidad de aumentar tus ingresos también es bueno e importante, pero recuerda comenzar a gastar tu dinero de forma inteligente porque entre más se gana, más se gasta.

El paso de "dinero positivo" es un sistema de "felicidad financiera" que crea Tatiana Arias, este sistema se basa en trabajar la abundancia y en todo ese dinero que se libera o se crea para que quede disponible a final de mes.

¿Y cómo se hace? Pues muy sencillo, el primer paso para aplicar este método y salir de deudas más rápido, es a través de la optimización de las cuotas mensuales de servicios básicos fijos mensuales como el celular, la televisión la electricidad, las compras de comida, entre otros.

Es importante que hagas conciencia de varias cosas como: ¿Cuántos aparatos tecnológicos tienes en tu casa y oficina que no usas y que tampoco vendes? Todo eso, en lugar de tenerlo ahí paralizado, puede contribuir a generar dinero positivo para ti.

Muchas veces es difícil ver este tipo de cosas como algo que puede traernos más dinero, porque casi siempre solemos sentir apego a estos materiales que llegaron a nuestra vida a través de mucho esfuerzo laboral y seguramente lo primero que se te viene a la cabeza al tener que salir de deudas es el creer que sólo es posible si ganas mucho más dinero, y realmente eso no es así.

Si no comienzas a cambiar tu mentalidad o tus hábitos primero, en el momento en el que comiences a ganar más dinero, también comenzarás a gastar mucho más y a adquirir productos materiales morosos y de ocio que te generarán más deudas. Por eso invertir tu tiempo en intentar que tu relación con el dinero cambie, es esencial para comenzar tu camino y salir de deudas, adicionalmente es igual de importante que inviertas tiempo en trabajar el desapego material, logrando ver que objetos tienes a tu alrededor que puedes vender porque tienen mucho tiempo sin uso y que además su venta te liberará de unas cuantas deudas y cifras rojas de tu lista.

Una vez que cambias tu relación con el dinero y generas de forma constante dinero positivo, atrayendo continuamente el dinero hacia ti y pensando ahora de una forma mucho más inteligente financieramente, es entonces el momento de comenzar a invertir y hacer que el dinero trabaje para ti y no tu para él. Tu labor en ese momento no será pensar en cómo pagar las deudas cuando ganes más dinero, sino que por el contrario tu misión será pensar con el dinero que ganas HOY, cómo vas a organizar tus finanzas personales para comenzar a pagar esas deudas de pasivos adquiridos y asumir ahora deudas buenas que te generen activos.

Ahora que ya conoces todos los pasos y tu mente tiene mayor educación financiera y mentalidad de inversor ganador, recuerda escribir tu propio guión, ese donde dibujas tu vida perfecta, luego reprodúcelo y vive tal como quieres hacerlo porque eso, es la libertad, ese es el poder y eso sin duda alguna es ganar. Concédete el sueño hecho realidad de la libertad financiera que te llevará a ser quien en verdad te gustaría ser y a trabajar solo por amor a lo que haces y no por la necesidad de generar dinero de manutención.

Cuídate, tu mente es tu activo más importante y la palanca principal para llevarte al lugar en el que deseas estar, entonces debes ser muy cuidadoso y celoso con lo que pones ella, con lo que consumes; porque a veces es muchísimo más difícil deshacernos de viejos pensamientos e ideas que ya están en nuestra psique que aprender algo nuevo e importante.

Esos casos de "suerte" llamados en algunas culturas "palanca" pueden presentarse de muchas formas, una de ellas puede ser tu pensamiento. Todas las personas de éxito que existen en el mundo cuidan su cuerpo de forma inteligente y sobre todo cuidan su cerebro, no solo a través de los alimentos sino a través de los pensamientos, pues no piensan en cosas como "no podré hacer eso nunca", "esto es demasiado para mí" "no tengo el dinero necesario para lograrlo" sino que por el contrario se programan buscando las soluciones y llenándose de pensamientos estratégicos como "¿Cómo puedo llegar a lograrlo y qué debo hacer? ¿Cómo puedo enfrentar esos riesgos y reducirlos? ¿Cómo consigo el dinero que necesito?

Es importante estar claros en que la vida está llena de riesgos y no tenemos el control absoluto de todas las cosas que pueden pasarnos, por más que nos guste pensar lo contrario. Pero sí tenemos la capacidad para reducir los riesgos e incrementar nuestro crecimiento y libertad financiera a través del aprendizaje, las decisiones razonables y razonadas que tomemos y por supuesto, nuestra actitud positiva y perseverante ante las situaciones. Muchas personas de éxito financiero como Donald Trump, han alcanzado esa libertad aún y cuando todas las probabilidades estaban en su contra y lo hicieron porque decidieron tomar el control de su destino y se negaron a rendirse tan fácilmente.

Robert Kiyosaki y Donald Trump dicen "Si *haces lo mínimo, obtendrás lo mínimo. Al final, tus resultados no serán excepcionales. Para destacar debes hacer lo que los demás no están dispuestos a hacer".* Tú puedes aprovechar al máximo tu tiempo y todos los talentos y potencialidades que tienes y el lugar donde estás ahora y al que quieres llegar. Sólo debes prepararte para hacer más. Eso que estés dispuesto a hacer será lo que determine hasta dónde vas a lograr llegar.

Por eso es importante controlar no sólo nuestros ingresos y egresos, y mantener nuestras deudas malas saldadas, sino además, educarse; puesto que mientras más aprendas, más cuenta te darás de cuanto ignorabas y menos tiempo y oportunidades de negocios pasarán desapercibidas frente a ti.

Lo mejor y más importante para alcanzar nuestra libertad financiera es que aprendamos a pensar por nosotros mismos a través de la educación financiera constante, el ensayo y error y la constancia, hasta pulir la vista de águila propia, en vez de que alguien más, que pudiese no tener buenas intenciones lo haga por nosotros. Tomar cursos de contabilidad y derecho mercantil es importante para quienes deseen manejar el dinero con inteligencia e invertirlo para ponerlo a trabajar para sí mismos, no importa que no tengan el plan de ser contadores o abogados, esto les ahorrará varios años de "errores".

Como dijo Louis Pasteur: "El azar favorece a las mentes preparadas". Pero si por el contrario, tu meta es sólo mantenerte libre de deudas y llevar una vida tranquila y sin complicaciones está bien, como adulto es importante saber cuál es el estilo de vida que deseas. Ninguno es bueno ni malo, la cuestión es que comiences a planificar desde ahora lo que deseas y vayas materializándolo antes de que sea demasiado tarde, especialmente si el deseo principal es vivir como la Reina Isabel y sus allegados; entonces la sugerencia es comenzar a buscar ese castillo ahora mismo.

La vida es demasiado corta para no soñar en lograr ese castillo, o sea cual sea el aspecto que guarde para ti tu sueño y necesidad; lo que sí es importante no olvidar que hay cosas más importantes que el dinero, comienza a invertir en eso que amas porque el amor es la clave para una vida de salud, riqueza y felicidad. Es mucho más fácil ser saludable si se es feliz, es mucho más sencillo ser rico si se es feliz y es aún más fácil ser feliz si se amas lo que se haces.

# Libro 2: Cómo Salir de Deudas

*Una Estrategia Probada Para Tomar El Control de Tu Libertad Financiera y Superar Las Deudas, Préstamos Vehiculares, Préstamos Estudiantiles, Hipotecas y Más*

*Volumen 2*

*Por*

*Income Mastery*

# Introducción

En esta vida, nos endeudamos por adquirir cosas, comencemos por ahí. Ya sea para pagar el centro de estudios de nuestros hijos, abrir nuestro primer negocio, adquirir un automóvil, comprar una casa o mejorar la que ya tenemos, y así. Sin embargo, sin inteligencia emocional no nos estamos conduciendo bien en la vida financiera. No es malo tener deudas, eso lo iremos repitiendo tal vez más de una vez a través del libro. Lo malo es dejarnos llevar por falsas expectativas de estabilidad, no saber cuánto tenemos en el bolsillo y con el uso tal vez indiscriminado de la tarjeta de crédito, no solo adquirimos cosas, también deudas, intereses, y puntajes a favor o en contra para las diversas entidades. Las consecuencias funestas serían el embargo de bienes presentes y futuros, no acceder a ningún crédito más y en consecuencia, seguir debiendo a nuestros acreedores.

Como persona que ya genera ingresos y gastos, considero que algunos episodios de mi vida y también los de personas de mi entorno, son necesarios e importantes para aprender a organizarnos, no solo en lo laboral y en lo personal, sino en lo concerniente a las finanzas. En esta edición verás los diversos tipos de créditos a los que tenemos acceso, las complicaciones desfavorables para nosotros, el abuso de los mencionados créditos que podrían llegar a ser deudas casi impagables, y sí, les digo casi porque ninguna entidad va a querer perder un cliente, por más moroso que sea la coordinación con las diversas entidades financieras y bancarias para poder pagar en cuotas la deuda.

También, como personas debemos entender que por más pequeña que sea, no se debe usar dinero que no es de uno para pagar otras deudas que tengamos, aunque hay excepciones que siendo usadas sabiamente, generarían un ingreso. Y es solo uno de los casos que vamos a ver.

Repetiré: Tener deudas es ventajoso, una de ellas es que puede ser el origen para comenzar ese emprendimiento que aún tienes en mente pero que no hallabas la forma de cómo comenzar. Aquí te lo presentaremos.

¿Sabías que estás comprando inversión y gasto a la vez en un automóvil? Desde luego, porque al darle el uso que tú quieras, ya comienza a perder su valor en el mercado, y en un breve tiempo lo tendrás que reemplazar o vender para recuperar algo de lo invertido.

Te tengo otro aprendizaje: Tú estás un día en el trabajo y puedes tranquilamente tomar un café, comer un snack, almorzar fuera de la oficina, comprarte otro snack, beber otra bebida, tienes la audacia de pagarlo con el atractivo y peligroso "dinero plástico" cuando te das cuenta, a fin de mes, que tienes que pagar una buena cantidad de deuda hormiga que podías haberte evitado.

Y así como la deuda hormiga, también puedes adquirir deudas para poder llegar con tranquilidad a fin de mes. Te recuerdo, y discúlpame de antemano lo malo que pueda haber en la siguiente frase, pero un recorte de personal y no tener un ahorro para afrontar un indeseable desempleo, y te agarras la cabeza para culpabilizarte "'¿Por qué no preví esta situación?".

Aunque aparezcan algunos concepto de deuda a continuación, recuerda que una deuda bien llevada, es una deuda a nuestro favor.

¿Te acuerdas que te dije que a los bancos le interesan no perdernos como clientes? Claro, y una de sus formas es comprarnos nuestra deuda, lo que tenemos que coordinar con el banco es si nos puede facilitar las fechas de pago a nuestro favor.

Esta y otras más lecciones las iremos aprendiendo a través del libro, con ejemplos ilustrados, y en ti está el cómo aplicar las distintas alternativas de solución que se te presentan.

Uno de mis métodos favoritos de generar ahorro es el 50-30-20 ¿Lo conoces? Y si lo conoces ¿Lo empleaste en tus propias finanzas? Eso es tener el control de tu dinero en las manos, saber que una parte de tu dinero no se irá en deudas hormigas, sino para la apertura de nuevos horizontes.

Me hace recordar la situación de un colega de carrera: Él estuvo en un trabajo durante un tiempo regular. Ya había hecho sus ahorros pero lo que no previó fue que la búsqueda laboral le tomaría dos años, en el que había tenido diversas formas de ingreso pero no percibía lo que ganaba en un entorno laboral más establecido y regulado por ley del trabajo, y gran parte de lo que había guardado mermó considerablemente. Pero también lo invirtió en su educación complementaria a la carrera estudiada, garantizado de que ese dinero vuelve en forma de una mejor situación laboral. Y eso sucedió. Ya va más de un año y medio que este colega trabaja en la agencia en la que se encuentra. Pudo juntar nuevamente más dinero y con un préstamo bancario, primero rentó, y luego adquirió un apartamento.

Buscamos nuestra mejora, buscando cómo salir inteligentemente de las deudas que nos invaden. Hay métodos que no recomiendo usar, sin embargo está ahí por si la situación financiera ya de por sí es insostenible.

También quiero traer a colación otro ejemplo de perseverancia y ahorro para salir de una situación que podría gestionar una deuda: Un tiempo en el que trabajé en una agencia starup, dos de mis colegas eran las mejores creando contenidos.

Llegaron a ganar lo suficiente y ser cotizadas para otras agencias. Sin embargo, cuando cambiaron las estadísticas de cierta red social, tuvieron que ser despedidas. Una de ellas emigró a las salas de redacción y sale de viaje cuando le tocan sus vacaciones, esto es una vez al año; la otra, con los ahorros que tuvo, potenció y se consolidó como creadora de contenidos, tiene un ingreso que le genera un emprendimiento de venta de ropa, y además viaja cuando le place. Pudo armar un buen equipo emprendedor que le genera ingresos y sigue trabajando en ellos, desde la comodidad de su casa.

Espero haberte animado con esta introducción a lo que trata en realidad este libro, y descubras la manera de superar tus deudas.

# Capítulo 1 - Deudas, préstamos vehiculares, préstamos estudiantiles, hipotecas y más

En memoria a un querido profesor de periodismo, empezaré con su consabida frase de inicio de clase ¿Con qué temas abrimos el kiosko hoy? Deudas por pagar, deudas por programar, compras de deudas, préstamos para comprar autos, maestrías, doctorados, tu casa o espacio soñado... tantos elementos. Pero antes de empezar, vamos a hacer un rápido diagnóstico de la situación:

- Para pagar pides prestado por otro lado.
- Sólo puedes cubrir pago mínimo de tus tarjetas de crédito.
- Utilizas el 'dinero de plástico' para pagos que antes realizabas en efectivo.
- Te quedas sin dinero a mitad de quincena y el resto lo financias con tarjetas.

Si te sientes identificado, alerta. Para los que aún dudan de las frases, pongamos que si no tienes capital suficiente para pagar tus cuentas mensuales y ahorrar al menos 10% cada mes, algo está mal, quizá estás viviendo por encima de tus recursos económicos, así lo describe Roberto Bello.

## 1.1 ¿Qué es una deuda?

Entendemos por deuda un compromiso u obligación contraída en relación con alguien o algo para reponer una situación. La definición de deuda se aplica mayormente en contextos en los que hay alguna actividad económica. Valga decir: negocios, compraventa, préstamos, y más.

**Existen 4 tipo de deudas:**

1.1.1    Deuda hormiga:

Se da por la falta de administración en sus finanzas. Son pequeños pagos y gastos que le hacen incurrir en préstamos y créditos. Ejemplos: usar tarjetas para comprar sus elementos diarios, prestarse dinero de amigos o gastar antes de recibir su abono. Esos gastos pequeños poco a poco se vuelven un efecto bola de nieve que a fin de mes, en vez de dedicarte a ahorrar esa parte, resulta ser gastada, en ciertas veces de manera muy tonta.

## 1.1.2. Deuda ficcional:.

Se trata de vivir por encima de nuestras posibilidades económicas. Lo que recibe mes con mes va creando una ilusión de estabilidad. Un ejemplo propio es que yo solicité un préstamo fuerte cuando estaba trabajando para una empresa periodística y pensaba que me podía quedar un buen tiempo, así que solicité un préstamos para la compra de un automóvil a dos años. Solo conservé mi trabajo por 8 meses y estuve muy ajustada para poder pagar el auto, así que tuve que venderlo solo para cubrir una parte de la deuda. No sientas que estás pisando nubes.

## 1.1.3. Deuda de apalancamiento / Invertir:

El apalancamiento se trata de cuando una persona invierte dinero que no es propio, en un negocio o una propuesta, que viene de un crédito o préstamo.

De lograrse el éxito, muy bien. Pero si se fracasa puede significar un gran error para sus finanzas personales.

Les voy a contar un ejemplo de este tipo: Trabajé hace mediano tiempo en una agencia de creación de contenidos, que comenzó como startup, un concepto de empresa de nueva creación que comercializa productos y/o servicios a través del uso intensivo de las tecnologías de la información y la comunicación (TIC's). Cuando el negocio parecía proyectarse bien, es donde la plataforma de redes sociales que se usaba, Facebook, ajustó sus algoritmos he hizo que el alcance de los contenidos bajaran hasta niveles que les redituaba poco dinero. Entonces mi jefe despidió a la mayoría de empleados y solo se quedó con un proyecto, que era de su hermano, para enfocar sus esfuerzos en sacarlo adelante, y debo decir que sí resultó redituable.

Otro ejemplo es, un préstamo que mi madre convirtió con su habilidad en deuda de apalancamiento. Ella había pedido el dinero para agrandar el inmueble que tiene en propiedad conyugal, y como vivimos cerca de una zona comercial, valga decir, mercados, negocios pequeños, vendedores ambulantes que generan ganancias, decidió prestar parte del dinero del inmueble a estos comerciantes y cobrarles un interés amigable, más fácil de devolver que el de las financieras o los prestamistas habituales. De lo que tenía que pagar en 12 meses, pudo recuperar el dinero prestado en solo dos meses. Sí, ella se proyectó.

Una buena forma de apalancarse es por medio de la compra de un inmueble para alquilarlo después. Las deudas menores o hipoteca de dicho inmueble se irá pagando automáticamente con el pago de la renta. Otro ejemplo sería solicitar un crédito automovilístico, comprar un auto y utilizarlo para los aplicativos de taxis.

Este tipo de deuda es la única que puede generar rendimientos y crecimiento.

### 1.1.4. Deuda de subsistencia:

Es adquirida para poder llegar al fin de mes. Debe cumplir 2 condiciones: La primera es que se destine el dinero únicamente a pago de cosas básicas: alimento, vivienda o salud. No gastos de lujos o esparcimiento. Generalmente lo usan las personas que tienen más de una persona dependiente económicamente de ellos, debido a la urgencia de dinero en el momento, suelen aceptar tasas de intereses exageradas. Un ejemplo de vida real es que un amigo y su novia pedían prestado cantidades de $200 cada mes para ayudar a la madre de él, y los intereses para pagar eran muy altos.

## 1.2 Tener deudas tiene sus ventajas

Sí, dele a play otra vez. Siempre y cuando se piense en realizar una inversión que mejore su calidad de vida, analiza adecuadamente para qué nos endeudamos y que las cuotas e intereses que tendremos que pagar se vean ampliamente recompensados por el beneficio que obtenemos con el bien o servicio por el que nos endeudamos. Si es responsable con su deuda y no gasta más de lo que posee, le va a convenir en grande. Tenga en cuenta los siguientes factores cuando se endeude para invertir:

- Capacidad de pago
- Términos y condiciones del contrato

- Tasa de interés
- Formas de pago
- Capacidad de endeudamiento

Y estas son las ventajas al tener una deuda que se dirija a la inversión.

**- Incrementa tu historial crediticio** que te ayudará a ser visto positivamente por las diversas entidades bancarias y derivadas al momento de solicitar préstamos o servicios.

**- El préstamo permite realizar inversiones o aprovechar oportunidades** que con el tiempo le puede generar ingresos. Un ejemplo es, un amigo estudiante de veterinaria, quien pidió una fuerte suma de dinero para implementar una tienda de mascotas en casa, mientras no asistía a la universidad. Lo que le generó en baños a mascotas, venta de accesorios y atención en salud, pudo devolver el préstamo, renovó sus instrumentos para el grooming y pago un semestre académico para volver a estudiar.

**- Mejorar su calidad de vida y sus perspectivas:** Endeudarse responsablemente cuando su calidad de vida puede mejorar y no da tiempo para ahorrar está muy bien. Una tía mía, luego de ser enfermera, decidió junto a su esposo, luego de usar sus ahorros y el préstamo que le proporcionó el banco, capacitarse en todo lo que tratara de técnico en telefonía. Pasó de educar a 10 personas en el sótano de su casa, a tener una institución con más de 800 alumnos al mes que se educaban para ser técnicos de telefonía y teleoperadores. Mejoró laboral, educativa, familiar y financieramente en un tiempo relativamente corto.

**- Le permite organizar su flujo de caja en varias cuotas futuras**. El dinero que solicitas puede ser pagado en partes. Solo depende del acuerdo al que llegues con quien te proporciona el préstamo. Recuerdo que hice dos movidas con mi tarjeta de crédito: Saqué un préstamo personal de $250 y adquirí un celular por cerca de $300. Y llevaba ambas deudas a la par porque pude organizar su cumplimiento de pago con los ingresos que recibía.

**- La deuda bien llevada, puede ser el comienzo de una vida empresarial:.** Este capital le ayudará a poner en marcha esos primeros meses de su negocio. Aún recuerdo los primeros días de negocio de mis padres, en el que de una pequeña peluquería, creció en bazar y librería, en 3 años.

**- El préstamo ayuda en una emergencia:** Porque le puede permitir una mejor salida a la situación que usted o su familia enfrentan. Sucedió en mi vida familia: Hace varios años, mi familia vivía en un pequeño departamento, con un angosto callejón de entrada. Un día, mi hermano de ese entonces 7 años jugaba con nuestra mascota, un perro mestizo, en el callejón y cerca a ellos una botella de vidrio. Al rebotar ambos junto a la botella, se rompió, y una esquirla le cortó una parte del rostro a mi hermano. Mis padres usaron el crédito de la tarjeta para pagar la emergencia de salud, incluyendo la cirugía estética.

## 1.3 ¿Sabías que tu deuda puede ser buena o mala…o muy mala?

Sí, ya antes se había advertido de que no hay deuda buena o mala, sino deuda a nuestro favor. Pero no está mal que te guíes para poder tomar una decisión sobre la situación en la que está tu deuda.

### 1.3.1 Deuda buena:

Sigue siendo una deuda, con un valor añadido para nosotros, como lo es por ejemplo, endeudarse por la compra de una vivienda, pues posiblemente el inmueble aumentará su valor en el futuro. Y les puedo asegurar que sí. Mi padre de joven adquirió un terreno sin construir a $6000. Le hizo un par de arreglos como piso y entrada, se lo vendió a otra persona por un valor de $13000, y en 4 años, el nuevo propietario se lo vendió a la actual dueña del lugar, que lo está vendiendo a $40000 al día que escribo estas líneas.

Otro ejemplo es el pago de unos estudios, porque te sirven para adquirir conocimientos que te ayudarán a conseguir un trabajo y ganar dinero suficiente para solventar la deuda y mejorar tu calidad de vida. Un ejemplo más es la adquisición una deuda para montar un negocio. Por supuesto, con esto estás asumiendo un riesgo, con lo que si sale mal, el concepto de deuda "buena", obviamente no sería aplicable. Pero sí en el caso contrario, en el que los beneficios que genere el negocio sean suficientes para poder pagar el crédito y obtener una buena rentabilidad.

Así lo establece el empresario y escritor estadounidense Robert Kiyosaki en su libro "Padre Rico Padre Pobre": "La deuda buena es la deuda que te hace más rico, como un préstamo para una propiedad de inversión o para la compra de equipos para su negocio que le hará un retorno próximo. Este es el tipo de deuda que se utiliza para comprar activos".

Les ilustro un ejemplo de la vida: Mi padre, cuyo padre era de una provincia costera, ha decidido adquirir un inmueble en el terruño de mi abuelo, cuyo costo es el equivalente a $360, y que al cabo de un buen tiempo, su costo será aproximadamente de $1490. Una deuda hoy, una inversión mañana.

Resumiendo, una deuda buena tiene que ver con el valor a largo plazo.

### 1.3.2 Deuda mala:

Es esa que se adquiere para satisfacer una necesidad que no es de vital importancia y que, además no nos podemos permitir. No generan ingresos y alguna deuda inicial aumenta al sumarle los intereses que no se pueden absorber con el crecimiento económico.

Los ejemplos están en la compra de un bien que no necesitamos y no nos podemos permitir, como una televisión o una cocina, o productos o servicios cuyos plazos de amortización sean superiores a la duración del producto financiado, como un viaje pagado con tarjeta de crédito, son algunos de los ejemplos de este tipo de deuda.

Un ejemplo de deuda mala es un primo mío, quien compró una mesa de billar que se convierte en mesa de comer. Pero al cabo de poco tiempo, la mesa comenzó a presentar deficiencias como polillas en el mueble, curvatura de la superficie lisa por humedad, entre otros problemas, por lo que mi primo tiene que gastar en reparaciones.

Otro ejemplo de deuda mala es de un amigo mío y su esposa, quienes rentaron un espacio que da a la calle de la casa de la madre de él para instalar un negocio de copias, bazar y pagos de servicios. Malos manejos administrativos, y pocas ganancias, hicieron que el negocio quiebre, pero de lo que se ha ganado en el mismo, se puede pagar las deudas adquiridas en la financiera.

En resumen, las personas utilizan el crédito para adquirir bienes que pierden valor y que generan más gastos que beneficios, generarán su mala deuda.

1.3.3 Deuda muy mala:

Las peores deudas son las que tienen una Tasa Anual Equivalente (TAE) muy alta: Créditos de los cajeros automáticos, pagos aplazados o mínimos de las tarjetas de crédito y los créditos rápidos. De no controlarse esas deudas puede provocar el efecto bola de nieve, vas a deber más que antes debido a tu no control.

Para enfrentar esto, consulte el presupuesto que tiene, calcule cuánto serán al mes los gastos adicionales del reembolso del préstamo o crédito más los intereses. Hágase las siguientes preguntas:

- ¿Lo necesita?
- ¿Lo necesita ahora o podría esperar hasta poder pagarlo en efectivo?
- ¿Cuánto más le va a costar comprarlo con crédito que si utilizara efectivo?
- ¿Puede permitirse los pagos mensuales?
- ¿Qué otras cosas tendrá que sacrificar para poder pagar las cuotas mensuales?
- ¿Qué TAE le cobran? ¿Podría conseguir condiciones mejores?
- ¿Le cobran otros gastos no incluidos en la TAE?
- ¿Cuánto supone el coste total?
- ¿Cuánto subirán las cuotas mensuales si suben los tipos de interés?

Sí, yo estuve en una deuda muy mala y les cuento como llegué a esto, para que no lo repitas: En agosto de 2016, me excedí en el uso de la tarjeta de crédito de un conocido banco en mi país. Antes de continuar, manejaré los montos en dólares americanos, ya que la moneda en mi país es el nuevo solo pero podría causar confusión en ustedes, personas que me leen. Prosigamos. Generé una deuda equivalente a $350. Luego, seguí entorpeciendo mi historial crediticio, pagando el monto mínimo, que vendrían a ser unos $290 todos los meses, pues en ese momento ganaba cerca de $475 mensuales. Si pagaba mi deuda completa, solo me quedarían cerca de $85 para vivir en ese mes, y por lo menos, en transporte era de $59 mensuales. Ya no me alcanzaría para consumos alimentarios, vivienda o servicios. En ese momento vivía en una habitación cerca a mi centro de trabajo, pero tenía que salir a comisiones, y la duración de la consultoría era de cuatro meses, sin incluir pagos por gratificación, descansos médicos u otras inclusiones que podía ganar como trabajadora de la empresa en la que estaba. En diciembre de ese año terminó mi consultoría, pero seguía pagando el mínimo de esa deuda de $290, gracias a otro ingreso menor como validadora de publicidad en una empresa de teletrabajo online. Para inicios del 2017 ya estaba hasta el cuello de esa deuda. Sí, sucedió y lo narro para que nadie más repita mi ejemplo.

## 1.4 Préstamos vehiculares

Un crédito vehicular es un préstamo para adquirir un auto otorgado por algún banco, caja de ahorros o financiera. Puedes tener el auto de inmediato y pagarlo hasta en 60 meses, contando con la opción de pago anticipado que es la cancelación total de la deuda antes de lo pactado, de la cuota comodín, que es dejar de pagar un mes y del seguro de desgravamen, dependiendo de cada entidad.

Por favor, toma el crédito vehicular con la moneda de tu país, no en dólares, debido a la inflación en el cambio monetario.

Trata de buscar 3 o 4 propuestas de diferentes entidades financieras. Ten en mente el auto al que aspiramos para que nos puedan hacer diversas cotizaciones de acuerdo al modelo, año y marca. A la entidad que ofrece la segunda mejor propuesta, le podemos presentar la propuesta que nos dio la primera entidad, y también proporcionales la tercera y cuarta mejor propuesta. De esta manera se promueve la competencia así como mejores condiciones de crédito.

No sé en ustedes, pero en mi país, Perú, se pueden vender autos de segunda mano (advierto que no solo segunda) Eso sí, buena parte de ellos tiene muchos años de antigüedad, se estropean cada cierto tiempo y generalmente el automóvil se usa para taxear, no entrarían a un app de taxis, pero pueden llevar carga ligeramente pesada. Se le explica a la entidad prestataria que el monto solicitado a crédito es para la adquisición de un automóvil de segunda mano. Ocurre la transacción dinero-auto, y entonces al carro lo empiezas a hacer trabajar de taxi, de taxi personalizado, de taxi compartido, y hasta transporte de diversos objetos.

Algunas entidades financieras ofrecen la denominada "Compra inteligente" que ofrece cuotas más bajas, y siempre que renueves tu auto continuamente. Este es un ejemplo: imaginemos que el auto que queremos comprar vale $10,000. En un crédito normal, asumiendo una inicial de $2,000 (20%), el banco nos prestaría $8,000 para poderlos pagar hasta en 60 meses. En el sistema de Compra Inteligente, se nos financiaría el 30% ($3,000) en dos años o el 40% ($4,000) en tres años. Al cumplirse el plazo tienes 2 opciones: te quedas con el auto y refinancias el monto restante o compras un nuevo auto con una nueva compra inteligente.

En caso de que tengas un auto puede ser usado como garantía vehicular y siendo parte de un préstamo, a eso se le llama préstamo prendario. Tu auto no se quedará con la entidad prestataria de crédito, pues se le instalará un chip en tu vehículo hasta que saldes tu deuda.

Generalmente en los préstamos prendarios tienen un contrato que se puede renovar si después del periodo no puedes devolver el monto. Ten en cuenta que al renovar deberás pagar los intereses y comisiones, y tendrás que hacerlo hasta que puedas pagar la deuda total, sino la entidad que te prestó el dinero rematará tu auto para recuperar el monto que te prestó.

La adquisición de un auto pasa de ser una inversión a un gasto, debido a que mientras más kilometraje, desarreglos en los neumáticos, capó, y más, el carro pierde un porcentaje de su valor, que irá en aumento con el paso del tiempo. Mejor ejemplo son los autos de las app de taxi, los solicitan casi nuevos, pues ya al perder su valor, se buscará uno nuevo que reemplace al de la flota.

De no cumplir con el cronograma de pagos, empiezan por llamar al cliente en repetidas ocasiones para notificarle de la deuda y de las posibles formas de solución y consecuencias, luego, se procede a realizar un aviso final. Si la deuda se genera a partir del no pago de las cuotas pertenecientes a un préstamo personal, la entidad aplicará intereses de morosidad y comisiones adicionales incrementando la cantidad de dinero que se debe, a la vez que la financiera ofrezca una reestructuración para ampliar el plazo y reducir el monto de las cuotas facilitando así el pago. De persistir en el no pago de deuda, cancelar la deuda, la institución prestadora iniciará a las acciones legales pertinentes que pueden concluir en un embargo el automóvil, bienes presentes y/o futuros del deudor.

Quien haya pasado esa situación de no poder contribuir para poder pagar el auto y superar ese amargo episodio en su vida, pues tiene mis respeto

## 1.5 Préstamos estudiantiles

Los préstamos para estudiantes son una alternativa para alguien en potenciar su desarrollo profesional y ampliar sus oportunidades en el campo laboral. Ten en cuenta los gastos adicionales que se generan debido al estudio como gastos de viaje y manutención, en caso de estudiar en una universidad extranjera, que podría elevar el costo del financiamiento, además de equipos o herramientas especiales para cursar los estudios. Revise todas las opciones financieras para poder hallar préstamos educativos que ayuden a financiar estudios no es nada complicado, por lo que se sugiere no contratar el primero que aparece en el camino. Se puede solicitar el crédito incluso si se encuentra a mitad de carrera.

Un amigo de la universidad, solicitó beca en la entidad del estado para cubrir parte de sus estudios en España y además, aportes familiares, reuniones de colaboración de parte de nuestros amigos en conjunto y el préstamo estudiantil que lo pidió a cierta entidad de caja rural, pudo al fin completar su viaje para llevar una maestría en ciencias políticas dentro de 2 años, cuyo cronograma de pagos se ha extendido a 5 años, contando los primeros de su maestría.

Tanto entidades públicas dedicadas a la educación, como entidades bancarias, financieras y cajas municipales otorgan diversos tipos de créditos educativos para materiales de estudios, pregrado, maestrías y doctorados. Su periodo de pago es de 5 años y su monto a prestar es el equivalente a US$ 30,000, y te asesora con facilidades.

Las instituciones educativas particulares también ofrecen préstamos educativos. Un ejemplo de lo que hablo son los préstamos que realizaba mi universidad particular para que, una vez terminada la carrera educativa, y más un empleo de la misma universidad, se terminaría de pagar en un tiempo determinado (en este caso hasta un máximo de 10 años) el crédito educativo solicitado. Desde luego que se tiene que cumplir algunas condiciones que la casa de estudios solicita al alumno, como estar en pregrado y ubicarse en el tercio superior, como uno de los mejores alumnos de su facultad, además de ubicarse en las escalas de pensiones medias y altas de la universidad (escalas son sistemas de pensiones en las que el alumno paga de acuerdo a su situación económica, en esta casa de estudios son de 9 niveles, siendo el 1 el más bajo y el 9 el más alto).

Ten en cuenta que si su préstamo no puede ser pagado, la entidad bancaria intentará cobrar su deuda directamente o a través de una agencia de cobranza, así como la toma de acciones legales. Procuremos no llegar a esa extremada medida.

## 1.6 Hipotecas

Es un contrato mediante el cual un deudor deja como garantía un  inmueble al prestatario de quien recibe el monto crediticio. Así si el deudor no paga su deuda, el acreedor podrá vender el bien para cobrar el monto impago. Casas o terrenos son objetos de hipoteca, sin embargo también se presta para la figura vehículos u obras de arte. Un contrato hipotecario está formado por tres elementos clave como:

**-El capital.** Cantidad de dinero prestado que se irá devolviendo periódicamente hasta el pago completo de la deuda. Tu capital puede ser de $2000, $5000, $10000 o mucho más.

**-El periodo de tiempo estipulado** con anterioridad en el que se debe completar el pago de la deuda, así como todas las mensualidades de pago a las que el deudor ha de hacer frente. Cuando mi madre terminó de hacer ese arreglo de inmueble, que constaba de la construcción y habilitación de dos mini departamentos, el tiempo de pagos fue fijado en 3 años.

**-El tipo de interés.** Costo de más que el deudor paga al acreedor por haber pedido prestado ese dinero. Puede ser fijo o variable, se puede revisar periódicamente y cambiar la cantidad a pagar. He podido leer en los medios de comunicación de mi país que desde inicios de 2019, se ha mantenido constante la tendencia a la baja en las tasas de interés por créditos hipotecarios, y una de las razones es el contexto global, y una voraz competencia de la banca y una mayor participación de los programas estatales dedicados a vivienda.

Observa si tus bienes inmuebles no están correctamente inscritos en los Registros Públicos, podrías ver afectado tus derechos de propiedad frente a terceros y los de la entidad que te otorgó el crédito porque no se podrá inscribir la hipoteca. En las provincias de mi país, ciertas propiedades aún no tienen un título de propiedad que las respalde. Hay que tener cuidado con eso.

Un ejemplo es mi amiga, quien firma un contrato de hipoteca con una entidad bancaria, que pasa a ser el acreedor. En el contrato se establece que el banco le prestará un monto $50000 (capital) con una tasa de interés del 7% anual. Mi amiga pagará ese préstamo en un plazo de 20 años (en cuotas mensuales) dejando como garantía hipotecaria un terreno valorado en $70000.

Hay que diferenciar dos tipos de hipotecas:

**Préstamo hipotecario.** Es cerrado y debido a que tiene condiciones determinadas en el contrato, en caso de querer realizar alguna modificación como ampliar el plazo de duración e importe a financiar, una vez formalizado el préstamo, deberá sustituirlo por otro, de modo que el primero quede anulado.

Ten en cuenta que si el préstamo hipotecario sobre su vivienda u otro inmueble no ha sido abonado, la entidad acreedora solicitará a un juez la ejecución de la hipoteca. Tendrás otro plazo de más o menos un año para poder saldar la deuda, pero si tampoco lo haces en esta ocasión, se subastará su casa y tendrás que abandonarla, perdiendo cualquier derecho como propietario. Si no se consigue subastar la vivienda por el importe total debido al banco, más gastos, aún después de perder su casa, seguirás teniendo una deuda con el banco y este podrá exigir el pago a sus avalistas o embargar sus otros bienes.

**Crédito hipotecario**. Se trata de que la entidad financiera concede una cantidad de dinero determinada y el titular decide disponer del total o sólo de una parte. Cada vez que necesite un monto que quede pendiente, puede usarlo, siempre que este no supere el límite del crédito que le fue concedido.

También existe la hipoteca inversa, que es un crédito o préstamo garantizado con una hipoteca que recae sobre la vivienda habitual concedido de una sola vez o a través de prestaciones periódicas, a una persona que debe ser mayor de 65 años. La entidad bancaria te dará por la casa durante tu vida mientras tú puedes seguir utilizándola. Al fallecer y de acuerdo a la modalidad elegida, los herederos podrán elegir entre devolver el dinero al prestatario y recuperar la vivienda o cobrar lo que resta del préstamo.

Un ejemplo es lo que hizo el abuelo de un amigo mío, mientras estuvo vivo y a sus 72 años, hipotecó su casa y vivía del dinero que le entregó el banco. Al fallecer el anciano, los hijos estaban dudando entre pagar la hipoteca de su padre, porque era onerosa, o terminar de usar el dinero por hipoteca, que ya quedaba poco.

Existen varios tipos de crédito hipotecario:

- **Crédito hipotecario tradicional.** Se tratan de créditos personales para adquirir terrenos o bienes inmuebles, que luego funcionarán como garantía de pago, mediante el establecimiento de una hipoteca. Mi abuelo usó este método, hipotecando la casa en la que nació, para poder adquirir una casa en la capital, lo hizo para garantizar el pago de la segunda casa.

**-Crédito hipotecario compartido.** Es un crédito colectivo, un grupo de personas comparte la deuda. Al momento de la evaluación crediticia, los ingresos de los solicitantes se suman. Una colega de trabajo y su esposo optaron por ese tipo de crédito para la adquisición de un departamento en el distrito financiero de la capital. Sustentaron sus niveles de ingreso, a mayor ingreso, más posibilidad de tener dinero para pagar la deuda del crédito. Presentaron sus deudas actuales, debidamente pagadas en las fechas correspondientes. Y su historial financiero, infaltable.

**-Crédito hipotecario para construcción.** Se proporciona para la ampliación, remodelación, y/o construcción de una vivienda unifamiliar. La hermana de mi madre, ama de casa, heredó una casa de mi abuelo, y no había movimiento comercial en ello, pero sí los indicios de un futuro negocio de rentas: Dos tiendas y un callejón para negocio adicional. Mi tía solicitó este tipo de crédito para mejorar tanto las tiendas dentro de su inmueble, como las habitaciones que le hacían falta en su vivienda. Y le resultó rentable.

## 1.7 Otro tipos de deudas

Los otros tipos de deudas son las que se contraen con tarjetas de crédito bancarias o departamentales, que al usarlas ya manifiestas tu historial crediticio para las diversas entidades para futuros ofrecimientos de préstamos pero de no usarlas inteligentemente, reduce la capacidad de ahorro de dinero y si surgen situaciones de emergencia financiera, sería el inicio de nuestra desventura económica.

Los préstamos personales para pagar deudas no son buenos consejeros. Si no cuentas con un fondo de emergencias de al menos tres meses para poder hacer el pago de dicho crédito, desde ya considera tu historial crediticio con puntos en contra.

Ser aval de alguien que luego se convierte en moroso, también te puede acarrear deudas.

Repito y tal vez suene cargosa con eso, pero para toda deuda hay un plan de pagos acorde con lo que busques realizar: Viajes, bodas, y otros elementos que se consideren onerosos y necesitas de un respaldo crediticio lo que acarreará en deudas.

# Capítulo 2 Cómo salir de todas las deudas

## 2.1 Toma el control:

Anota en una libreta dedicada a finanzas, a un lado tus ingresos y al otro lado anota los gastos por categoría:

-Transporte: cuánto gastas en gasolina, reparaciones, mantenimiento y seguro.

-Casa: Luz, agua, teléfono, servicio de Internet, televisión por cable, gas, mantenimiento o pago de crédito.

-Comida: haz un presupuesto aproximado de cuánto dejas en restaurantes (incluyendo los café con amigos). Si preparas en casa, cuánto gastas en la compra de productos.

-Recreación: salidas al cine, teatro, conciertos, viajes o cualquier otra diversión.

-Salud: chequeos médicos regulares, dentista, la compra de un medicamento de forma periódica.

-Seguros: de vida, de gastos médicos, de educación para tus hijos.

-Educación: escuela, clases privadas, cursos de interés.

-Pago de deudas: lo que debas abonar mensualmente o más si te es posible por una cuestión especial, como recibir tu aguinaldo.

-Gastos varios: Coloca las fugas que tengas al mes, por insignificantes que parezcan, porque estos son los que te hacen perder el control de tus finanzas como compras de catálogo, cosméticos, peluquería, lavandería, tintorería, visitas al spa, regalos de cumpleaños, entre otros.

## 2.2 Calcula tu capacidad de endeudamiento

La fórmula general está establecida así:

Capacidad de Endeudamiento = (Ingresos Totales mes – Gastos Fijos mes) x 0,35.

## 2.3 Con respecto a la deuda:

Un asesor de crédito de cualquier entidad bancaria, financiera o caja municipal puede ayudar a gestionar la o las deudas y enlistarlas, a hacer un presupuesto, así como hacer un plan de cuotas o reprogramar, que no afecta tu historial crediticio, para poder saldar ese compromiso. Negocia un pago justo para que no se incremente tu deuda.

Otra opción es el **refinanciamiento de una deuda,** afecta tu historial crediticio, pero podrás cancelar tu deuda con una nueva orden de pagos y también cambiará los montos actuales. Lo que pides es que la fecha de pago de tu próxima cuota se retrase un poco. Al no poder enfrentar ello, la tasa de interés que tenías inicialmente se mantendrá. Además, tampoco cambiará tu estado ante las centrales de riesgo.

**La compra de deuda por parte de los bancos es una alternativa a considerar**, pues esta opción te permitirá consolidar cada una de las deudas en una sola entidad. Los bancos te ofrecen esta opción si eres un buen pagador, no si ya estás en pérdida. Podrás uniformizar tus deudas y pagar un solo crédito a una entidad, con tasas inferiores. Todos los bancos están haciendo fila para fidelizarte por medio de ello, recibirás llamadas de ellos cada tanto. Solo no esperes mucho antes de solicitarla.

Revisa cuánto destinas al gasto hormiga como cafés matutinos, cigarros, meriendas o salidas con los amigos. Tendrás que hacer algunos sacrificios para descubrir tu capacidad de ahorro.

## Devuelve las tarjetas de crédito a través de las cuotas de manejo:

Las cuotas de manejo es lo que te cobra el banco por darte una tarjeta de crédito. Si tienes cinco tarjetas de crédito estarás pagando cinco cuotas de manejo, y ese dinero podría usarse de mejor manera. Considera devolver las tarjetas de crédito y considera las cuotas de manejo.

**Un truco para aplicar a la deuda número uno** (de tener muchas deudas), paga el mínimo más el 10% que lograste ahorrar con tu recorte de gastos. Sigue así hasta que liquides el totalmente tu primera deuda. No suspendas el pago mínimo del resto de tus deudas. Generalmente se recomienda evitar el pago mínimo al máximo, pero se usa en este supuestamente porque no puedes hacer un pago mayor. Al terminar la deuda uno, pasa a la número dos. A este pasivo debes destinar el pago mínimo, más el monto que realizabas para la deuda uno. Repite este proceso hasta liquidarla. Saldadas tus deudas continúa ahorrando el 10% de tu ingreso y convierte el acelerador de pagos en generador de ahorro permanente.

Usa el método 50-30-20: El 50% del dinero de tu sueldo lo tienes que dedicar a gastos básicos. El último 30% va destinado a gastos personales. Y el 20% del dinero que ganas tiene que ir dedicado al ahorro.

También puedes ahorrar la mitad de tus ingresos sea aumento de sueldo, trabajo particular, incentivos laborales, ventas de objetos en desusos, en caso de que quieras crear un fondo a largo plazo.

**Haz abonos al capital:** Ejemplifiquemos de esta manera; Si debes $100 y te cobran un interés de $5 dólares mensuales, y lo único que haces, mes a mes, es sacar los $5 de tu billetera, nunca pagarás tu deuda. Los abonos al capital se trata de ese dinero extra que das para que la base, o el capital, es decir los $100 del ejemplo, se reduzca y por ende, los intereses también.

En el caso que decidas hacer un aporte a capital a tu deuda con el banco, tienes dos opciones:

O se reduce el monto de la cuota, es decir que pagues menos; o reducir el tiempo del préstamo, lo que implica que sigas pagando lo mismo pero durante menos tiempo.

Para poder salir de las deudas, el automatizar sus facturas cada mes, se asegurará de ayudarlo a reducir los montos que debe.

Empeñar es una forma de obtener dinero de manera fácil porque puedes convertir en dinero en efectivo, las cosas que ya tienes en casa y cubrir una deuda. Sin embargo una vez que las empeñas y quedan en manos de la casa de empeño te será más costoso recuperarlas y corres el riesgo de no poder hacerlo si no pagas a tiempo. Los plazos varían en cada casa de empeño y dependiendo de los artículos: Joyas, relojes con maquinaria suiza fina, autos, bicicletas, cámaras fotográficas y de video, consolas de videojuegos y juegos de video, equipo de cómputo, electrónicos, minicomponentes, televisores y pantallas de última tendencia, Smartphone, baterías de cocina y vajillas, electrodomésticos, línea Blanca, salas, comedores y recámaras, instrumentos musicales, herramientas mecánicas y eléctricas y artículos de piel.

**No más créditos porque es contradictorio,** los intereses y el mal manejo de los recursos pueden elevar aún más la deuda. Las deudas NO se pagan con más deudas.

**Si tienes un plan de jubilación a cuenta de empresa en la que laboras, puedes conseguir un préstamo de la empresa del dinero de tu jubilación.** Te evita pagar impuestos adicionales y penalizaciones, si eres puntual en el pago, porque de no pagar el préstamo tras un plazo, entonces tendrás que pagar esos impuestos y penalizaciones. Y ten cuidado en caso de perder tu trabajo, pues tendrías que pagar el préstamo inmediatamente y pagar los impuestos por la retirada antes de tiempo del dinero.

Un seguro de vida te permitirá solicitar dinero prestado de la póliza a un tipo de interés muy bajo para solucionar tus problemas de deudas. No tienes que devolver este préstamo, pero los beneficios del seguro de vida serán reducidos por la cantidad que pidas prestada además del interés.

Como última alternativa elegirías la bancarrota para solucionar tus deudas. Declararte en bancarrota es un alivio temporal en tus deudas, sin embargo creas un impacto negativo en tu historial crediticio que afectará a futuras solicitudes de préstamos.

## 2.3 Préstamos vehiculares

Si van a comprar un automóvil compara las tasas de interés que ofrecen las entidades financieras y elige entre los mejores créditos vehiculares.

Será necesario que el cliente ejecute una entrega inicial que debe ser de entre el 10% y el 40% del valor del auto dependiendo del plazo seleccionado y de la entidad. El desembolso incluye el seguro para el automotor y el desgravamen, en lo posible trata de que esa entrega sea lo más grande posible para reducir el plazo y los intereses establecidos para el crédito.

En el caso del préstamo prendario, se deberán cancelar las obligaciones monetarias que establece el contrato con el cual el vehículo contrajo las prendas. Mientras no se pague la deuda a la empresa acreedora de la prenda, no se podrá levantar la prenda.

Un ideal es que pagues tus cuotas en tres y no cinco años, pues el auto tiene un valor de reposición. Luego de ese tiempo, vendes el auto y ese dinero te puede servir para la cuota inicial y por el saldo que resta, nuevamente buscas otro crédito. Así, cada tres años tienes un auto nuevo y no te sobreendeudas.

Si tu deuda vehicular está en dólares y tus ingresos en moneda nacional o estás sobreendeudado, prepagar la deuda es una buena opción, porque de bajar el tipo de cambio, compra dólares para prepagar la deuda.

Otra opción a considerar son los fondos colectivos, que se tratan de un fondo de ahorro a través del cual se obtienen bienes y servicios, en este caso, un auto. Un grupo de personas se juntan y todos realizan pagos programados de manera mensual, que permiten que cada uno de ellos acceda al vehículo por el que está pagando. Al inscribirte, deberás comprar un certificado y el número de cuotas dependerá de cada caso en particular; una vez que terminas de cancelarlas, accedes al vehículo. Ten en cuenta que el auto no será entregado al inicio y seguirás pagando por él. Averigua si el modelo que te gustaría adquirir está disponible en esta modalidad. También puedes prescindir del "termino de pagar y me lo llevo", pues si cuentas con un monto de dinero alto, puedes rematar pagando varias cuotas y así salir del pago más rápido. El costo será menor a comparación de las entidades bancarias, pues no estás pagando intereses. Las entidades de fondos colectivos solicitan menos requisitos que cuando pides un crédito vehicular, como documento de identidad, recibo de servicios y algún documento con el que se pueda acreditar los ingresos, como tu última boleta de pago.

## 2.4 Préstamos estudiantiles

Siempre elija un monto mensual que pueda pagar. Averigua sobre los programas de condonación, cancelación y anulación tan pronto como sea posible, ya sea dentro de las diversas entidades o de las instituciones educativas que lo proporcionan. También puedes realizar adicionales y especificar cómo aplicar, en este caso al préstamo estudiantil, lo que hará es reducir la cantidad de intereses así como el costo total del préstamo.

Trabajar horas extras en el empleo actual y conseguir un segundo trabajo con condiciones flexibles, o contar con un trabajo en línea, ayudarían a contribuir a la disminución del crédito. Opta también por comenzar un negocio online y minimizar los gastos. No es recomendable dejar de pagar ni declararse en bancarrota, porque aparte de hacer añicos a tu historial crediticio, tu deuda seguirá extendiéndose.

## 2.5 Préstamo hipotecario

Los bancos tienen toda la intención de renegociar tu hipoteca y tú, de ser asertivo con el acreedor para obtener mejores condiciones de pago. Negocia:

-Mejores condiciones (novación).

-Traspasar la hipoteca a otra entidad (subrogación).

-Son más flexibles para no quedarse con otra hipoteca impagada.

Recuerda que para dar por terminada la hipoteca no basta con que se haya devuelto la totalidad del préstamo, sino que debe constar en el Registro, ya que si no se hace la hipoteca seguirá figurando como "viva". Para ello es necesario que el banco consienta la cancelación y los gastos van a cargo del prestatario.

## 2.6 Otros tipos de préstamo:

Al contratar un préstamo personal usted pone de garantía la totalidad de sus bienes presentes y futuros para que en una situación de impago prolongado la entidad pueda conseguir que un juez embargue estos bienes, que incluyen su vivienda, su coche, sus cuentas bancarias, parte de su pensión, etc., todo lo necesario para saldar la deuda.

La mayoría de los deudores crónicos involucran de manera directa o indirecta a familiares y amigos en sus deudas, pero de manera nociva: pidiéndoles que salgan como garantía de sus préstamos, pidiéndoles directamente dinero prestado o utilizando sus recursos para endeudarse a escondidas y sin decirles nada. Involucra a familiares y amigos de una manera distinta, habla con ellos y cuéntales con sinceridad el nivel de deudas, situación judicial (de haberla) y demás cuestiones derivadas. La única forma que tiene el entorno de ayudar en este problema es vía apoyo afectivo y comprensión. Ya no pidas más de ellos.

Tú tampoco asumas deudas de otras personas, por mucho que las quieras o las aprecies, no es una alternativa positiva para tu bolsillo. Te lo explico de esta manera: Tienes un conocido que acaba de asumir un compromiso con el banco o entidad financiera, el cual pide como requisito un fiador.

Para tu sorpresa eres tú la persona elegida, así que tienes que saber que si ese conocido no puede asumir el pago, tú tendrás que dar la cara. En el momento que esa persona deja de pagar su deuda esta se convierte en tu responsabilidad. Y en este caso, si apenas estás lidiando con aprender cómo salir de deudas tuyas, imagina cómo te afecta tener que pagar las de alguien más.

Las tarjetas de crédito o los préstamos a sola firma deberían eliminarse directamente de su día a día. Recomiendo dejar los plásticos "descansando" en algún cajón de la casa y no llevarlos encima, para evitar así las tentaciones.

Elabora un plan de austeridad: Dile adiós al café en la calle, el taxi, las comidas afuera y todos esas "deudas hormigas" deben ser eliminados hasta tanto el caudal de deudas haya disminuido. Se necesita fuerza de voluntad para resistirse a gastar.

Genera ingresos extras con los ingresos pasivos que vendrán luego de alquilar en parte o todo el sitio en que vives. Monetiza tus aficiones. Hay personas que su amor a la fotografía, los videos y las narraciones, terminan haciendo negocio de ello. Te pagan por lo que te gusta.

Podrías siempre pagar la deuda con mayor tipo de interés, a la manera tradicional, porque acabas antes con las deudas que te provocan mayores intereses, reduciendo tu coste final.

Otro método conocido como bola de nieve, requerirá de estos pasos para pagar las deudas.

1. Ordena tus deudas de menor a mayor cantidad de dinero endeudada.
2. Realiza los pagos mínimos en todas tus deudas.
3. En la primera deuda, aquella con la cantidad más pequeña, dedica todos los ahorros y el dinero extra obtenido en los pasos anteriores.
4. Una vez acabada esta deuda, pasa a la siguiente. Y así sucesivamente.

El Método "Tsunami" se trata de ordenar tus deudas por el orden en que TÚ CREAS. ¿Cuál es la deuda que más te molesta tener? ¿La compra de la última consola? ¿La ayuda que te dieron tus padres para llegar a fin de mes? Por ahí empiezas a sanear deudas.

Opta tranquilamente por un préstamo de consolidación de deudas, para salir ya e inmediatamente. Es un préstamo personal que se utiliza específicamente para combinar múltiples deudas en un solo pago mensual. Obtén ese préstamo y usa los fondos que recibes para pagar deudas múltiples del mismo tipo. Las ventajas es que simplifica el reembolso, reduciéndolo a una factura, así como la tasa de aplicada a la deuda, que te da para el ahorro de dinero. Otra reducción es la del pago mensual, aunque también hay fijos, hace que el pago de la deuda sea más eficiente. ¿Y cómo termino de usar esa maravilla? Solicitas un préstamo por un monto que cubra todas las deudas que deseas consolidar. Ya aprobado, los fondos del préstamo se distribuyen para pagar todas esas deudas. Así que solo te queda este préstamo para pagar.

## 2.7 Deudas y Trabajo

De esto poco he hablado, pero vale la pena hacerlo, si estás en las centrales de riesgo de tu país como persona deudora, es lo primero que harán ciertos empleadores para verificar antes de contratar personal, que los candidatos no figuren en las centrales de riesgo. Lo hacen para conocer que sus próximos trabajadores no sean personas morosas o malos pagadores.

## 2.8 Deudas y salud:

De acuerdo a algunas informaciones periodísticas, a medida que nuestra deuda crece, nuestra salud se debilita. Aún los investigadores están en la fase de tratar de mapear el patrón de asociación con precisión".

Por ejemplo, un estudio en 900 adultos de Ohio, Estados Unidos, encontró que las deudas en tarjeta de crédito y el estrés por esas deudas estaban asociados con una mala salud. Pero los investigadores no pudieron probar su causalidad. Uno de los investigadores manifestaron que "muchos de los acontecimientos importantes de la vida que pueden resultar en el endeudamiento (pérdida de empleo, divorcio, etc.), también pueden impactar de manera independiente la salud, por lo que es importante separar esos caminos y trayectorias".

Una revista de Salud Pública Europea afirmó que "Los adultos endeudados son tres veces más propensos a tener un trastorno mental común que los adultos sin deudas". Así que por tu bienestar, vive un estilo de vida saludable y positivo, estarás en forma tanto físico y mental que representará menos gastos médicos y una perspectiva positiva en la vida que ayuda a tener buenos hábitos financieros.

Quiero hacer énfasis en cambiar el comportamiento que nos llevó a esto. Ni ganar la lotería puede resolver tus problemas si no aprendes a gastar menos de lo que tienes. Así se demuestra: Si tienes $20.000 en deuda con la tarjeta de crédito, no saques un préstamo de $25.000 para pagar esa deuda y comprarte cosas que no necesites, dando una falsa apariencia. ¿Te endeudaste porque perdiste el trabajo? Ok. Una vez que salgas de las deudas crea un fondo de emergencia para que eso no te suceda nuevamente y parte del cambio es decir NO: NO a los gastos sin sentido, NO a las deudas, NO a más créditos mientras estés en proceso de recuperación, NO a las salidas nocturnas, NO a las tarjetas de crédito adicionales.

Despiértate temprano: Parece una frase cliché, pero no lo es, de hecho, muchos millonarios se despiertan antes que tú. Un ejemplo es Tim Cook, quien despierta a las 4:00 de la madrugada, atiende entre 700 y 800 mails diarios y hace ejercicio en el gimnasio antes de irse a la oficina para ser de los primeros en llegar. El truco está en dormirse de buen humor, levantarse muy temprano y hacer ejercicio.

Como un dato interesante a tener en cuenta: Tras la muerte de un familiar, tienes que averiguar si el difunto dejó deudas pendientes al sistema bancario o al Estado. Para ello, debe tramitar la partida de defunción del fallecido y comunicarse con la central de riesgos de tu país para saber si existe alguna cuenta con un banco. Si la persona fallecida posee alguna obligación pendiente como un crédito hipotecario o vehicular a largo plazo, la deuda se hereda y son los familiares quienes deberán asumir el pago, aunque es importante determinar que el banco solo podrá cobrar la sucesión a partir de la herencia que dejó el difunto y no de sus bienes personales. Y previendo este tipo de situación, la mayoría de bancos y cajas municipales cuenta con los seguros desgravamen, que exime a los herederos de pagar el saldo del crédito solicitado. Cabe señalar que este seguro se activa siempre y cuando el difunto haya estado al día en sus pagos, pues en caso de que haya pagos atrasados, sí o sí deben ser cancelados.

# Conclusiones:

Tú decides enfrentar a la deuda

Si sufres un cambio en tu situación económica, como un despido o un alto en tus ingresos pasivos, acércate a tu banco para comunicarles el problema antes del vencimiento del pago y poder negociar una solución. Nunca te quedes callado.

No todo está perdido cuando te endeudas. Cuando ves que tus ahorros están disminuyendo y sigues endeudado, piensa en frío, que no te gane la emoción, tú gánale a ella, calculando ingresos, egresos deudas y activos, y con ese bagaje, te empoderarás y te dirigirás a tu asesor financiero para que te guíe y haga todo lo posible para que tú y tu entidad bancaria queden en buenos términos de pago.

El segundo libro de Arianna Huffington fue rechazado por 36 editores antes de que lo publicaran. Leyendo su historia me quedé perpleja, creyendo que por unos errores me sacaron de las mesas de redacción. Y ahora veo que cometen peores errores en mi excentro laboral y no puedo aguantar una risita muy disfrutada mientras preparo este libro para que tú, lector, no caigas en los errores.

Otra inspiración que encontré es Henry Ford, pues antes de construir su imperio fundó la Compañía de Automóviles de Detroit, que fracasó después de dos años de funcionamiento y con sólo 20 coches construidos. Al cabo de un buen tiempo, pudo resurgir con la marca que hoy conocemos.

Supongo que a este par de ejemplos les debe haber ocurrido lo que nosotros con las deudas y el fracaso inminente: preocupaciones, angustias, pensando en que te pueden embargar todo y no tendrás ni un hoyo para caer muerto.

Eso pasa si te quedas en silencio y comienzas a evadir tus responsabilidades monetarias. Oye, está bien, te sientes culpable de haber gastado una parte de tu sueldo en ese delicioso chocolate, en ese atractivo postre salado y que lo pagaste con dinero plástico otra vez. Bien, sé consiente de que unos caprichos más y estarás en la calle pelada, con una mano adelante y una atrás. Piérdele el miedo a la deuda porque si lo piensas bien financieramente, la deuda jugará a tu favor. Así que agarra papel y lápiz, siéntate en el escritorio y saca las cuentas y verás que mucho gastas y poco ahorras.

Ahora que ya sabes la técnica del 50-30-20, no demores más y hazlo. Y si las deudas te invaden, ya sabes que la función del asesor financiero es la de asesorar, a que veas la luz al final del túnel, y que tú también estés dispuesto a pagar puntualmente y que busques más ingresos para cumplir tu palabra.

¿Se acuerdan que mencioné a mi fallecido profesor al inicio del capítulo? Bien, era un hombre que había trabajado y generado deudas a la vez: instrumentos de trabajos, familia, inmueble y seguro educación para los suyos. Periodista, publicista, llegó a ser parte del equipo de comunicación de la Presidencia del Consejo de Ministros. Con toda la experiencia que tenía, no se conformó con ser un comunicador más. Para generar más ingresos estudió para ser catador de vinos, y su sueño de abrir una tienda de pastas italianas pudo cumplirlo. Le guardo un respeto porque fue el primero quien me advirtió que la carrera era de cierta manera muy ingrata. Lo habló con conocimiento de primera mano. Era tan bueno en prensa que lo hicieron a un lado. Era tan bueno dictando el curso que le tocaba en la universidad que se abrieron dos salones más para que dicte él, que, movidas internas de algunos profesores lo hicieron a un lado de los cursos. Optó por corregir textos para tener un ingreso y así dar vida a la aventura del vino y del restaurant de pastas. Claro que tenía deudas como decía, pero esto no lo hizo rendirse. Más bien, fue la muerte tan terca que lo hizo a un lado de la vida para llevárselo a su lado.

La peluquería-bazar-librería estaba en declive, y mi madre no tuvo mejor idea que pedir prestado dinero a la hermana de una amiga suya. La señora era literalmente como el banco, pero como decíamos líneas arriba, hasta el banco te da oportunidades. Mi madre al parecer no aprovechó los pocos chances que le dio esta prestamista, la cual cuando vio que mi madre no pagaba la deuda, comenzó a perseguirla, hostigarla en el maltrecho negocio y al no obtener respuesta, como no podía enviarla a la cárcel por deudas, optó por embargar el auto de mi padre, de propiedad conyugal. Es ahí donde mi mamá reaccionó y concilió un cronograma de pagos para poder cancelar la deuda lo más pronto posible. Sí, conciliaron y nunca más vi a la señora, pero a mi mamá la dejó más astuta y hábil con respecto a negocios.

Así que no te angusties si tienes una deuda que en este momento la puedes creer impagable. Buscando soluciones, las encontrarás.

Como último caso, quiero comentar la deuda en la que se escabulló mi mejor amigo de la universidad. Como ganaba lo suficientemente bien en su anterior trabajo, viajó 2 veces a México para así poder visitar a su pareja. Como sabrán los viajes aéreos y los tours generan un gasto increíble. Él recién estaba comenzando a pagar el viaje cuando lo sacaron de su trabajo. Tuvo que solicitar la refinanciación de la deuda porque si no, no podía seguirse solventando en el siguiente trabajo en donde le pagaban lo mínimo del sueldo. Así que ejemplos hay varios, pero el poder de decidir sobre cómo salir de tus deudas, lo tienes tú.

# Libro 3: Cómo Salir de Deudas

*Cómo Salir de Deudas: Una Estrategia Probada Para Tomar El Control de Tu Libertad Financiera y Superar Las Deudas, Préstamos Vehiculares, Préstamos Estudiantiles, Hipotecas y Más*

*Volumen 3*

*Por*

*Income Mastery*

# INTRODUCCIÓN

Este libro puede ayudarte a tener una ventaja sobre aquellos que no tienen conocimiento previo de todo el mundo laboral, el dinero y las aseguradoras, como de todo lo que requieres para sobrevivir en un mundo con amplia competencia laboral. Te darás cuenta que el emprendimiento a nuevos proyectos es mucho más fácil de lo que parece cuando los abordamos con la pericia necesaria para resolver todos los imprevisto de una forma más rápida y segura sin muchos problemas.

Comprenderás que la determinación al perseguir lo que deseas para desarrollar nuevas habilidades es imprescindible para todo aquel empresario que se incursiona en pleno siglo XXI y cómo tomar provecho de los riesgos para beneficiarte y alcanzar nuevas metas.

Es posible que no seas capaz de manejar tus finanzas ni de mantener un control de tu libertad financiera. En este libro encontrarás las bases necesarias que requieres para impulsar tu sueños y atraer un mejor rendimiento en tu empresa, no solo a ti, sino a todos los que te rodean.

¡Por lo tanto, comienza un viaje a la libertad financiera y sé testigo de una mejora casi instantánea de tus ingresos para salir libre de todas tus deudas!

# Capítulo 1: Si el dinero no cae del cielo... ¿De dónde viene?

En algún momento de nuestras vidas nos encontramos con millones de preguntas y dudas que por más tontas e insignificantes que puedan parecer nos obstaculizan de alguna u otra forma el avanzar y el ambicionar cumplir nuestros planes a futuro. Quizás también, en ocasiones sentimos que buscar algún consejo o ayuda será la decisión más tonta que podemos tener y nos aventuramos a un terreno totalmente desconocido, esto jamás es recomendable, por ende podemos caer por inocentes en situaciones que pudieron haberse evitado con un poco más de preparación.

En otros casos, puede suceder el caso contrario, al dejarnos llevar por comentarios de personas mal intencionados o sin experiencia, que nos llenan de dudas e incertidumbre, o de muchas otras preguntas derivándonos a un gran muro de frustraciones que impide que lo derribemos bloque a bloque para ganar más seguridad. Todo este primer paso nos causa incomodidad o el sentimiento de incapacidad de lograr nuestro objetivo final, no hay que perder la meta y mantenerse fijos con la vista al blanco. Algunas de las preguntas que surgen en el proceso suelen ser en ocasiones parecidas a estas a continuación:

"¿Dónde puedo conseguir dinero?", "¿Cuál es la mejor forma de hacerlo?", "¿Cómo puedo conseguir una estabilidad financiera?" "¿Cuándo puedo obtener una seguridad y bienestar económico?", "¿Qué necesito para lograrlo?", ¿Cuánto tiempo me llevara cumplir mi objetivo?", "¿Qué hago si no resulta como esperaba?", "¿Para qué necesito un seguro?".

Todas y cada una de estas dudas no provienen nunca solas, van acompañadas de muchas otras interrogantes e inseguridades que se van acumulando con el tiempo, sino logramos responderlas en el momento. Estaremos perseguimos por siempre por esa duda, nuestro objetivo va ser diferente con respecto al resto de los demás y pensamos que podemos estar haciendo algo mal, nos sentimos en algún momento atados o comprometidos no sólo con deudas, sino a miedos, dudas y una independencia economía completamente inexistente, luego, de un momento a otro, no podemos conciliar el sueño por la noche o adquirimos un sentimiento de intranquilidad por las mañanas gracias a aquellas decisiones que deseamos poder tomar lo antes posible y no ocurre.

Sumando esto a lo anterior, siempre vamos a encontrar la competencia diaria, tanto en el campo laboral como en distintos ámbitos de nuestras vidas. La competencia trae consigo grandes ventajas y desventaja, pero sin duda alguna son buenos patrones de referencia que debemos enfrentar aún sin contar con la certeza plena en salir ilesos completamente de ellas. Por ende, ante la competencia, la preparación inicial es esencial, nos facilita las cosas en estos casos. No hay porqué estancarse a esta preparación previa, siempre será una experiencia importante en cualquier negocio o nuevo plan financiero que se tenga en mente. Avanzar no siempre quiere decir ir hacia adelante, puedes detenerte y retroceder para analizar mejor todas las posibilidades que tengas en tus manos, esto te da la ventaja de sentir mayor confianza y más seguridad ante los riesgos que se deban tomar para obtener mejores beneficios. Jamás podemos olvidar que la riqueza no solamente es una virtud referente a la adquisición monetaria, sino que también forma parte de todo el proceso que se toma para llegar a ello, hacerse cargo y ser responsable de cada mínimo paso que ha de ser enfrentado. Todos estos elementos nos permitirán asumir los riesgos de invertir a sabiendas que sin estos no pudiésemos hablar de futuros beneficios a un corto o mediano plazo.

Si partimos de la premisa que el dinero no cae del cielo, si fuera lo contrario no te encontrarías entre estas líneas ahora mismo o con la preocupación de conseguir estabilidad económicamente, porque no la requerirías, la mejor forma es hacer frente a la situación y visualizar las condiciones más favorable para un emprendimiento, cada paso que das por más pequeño que estos parezcan son indispensables para cumplir tus metas lo más velozmente posible y no puedes detenerte porque en algún momento piensas que esa idea a futuro no sea factible o es completamente nulo e incluso imposible de cumplir, si consideras esto en algún momento solo debes de cambiar un poco tu rumbo, estos bloques mentales que solo tú puedes romperlos, no pierdas la calma que mientras se está aprendido no estás fallando, toma un poco de tiempo y respira que cuando todo parece ir mal no está de más detenerte unos segundos sin perder tu objetivo. Para empezar hay que tener en claro que no todo es tan difícil como parece ni tan complicado como te lo pintaron en algún momento, sino todo lo contrario a ello, solo hay que saber la forma adecuada de abordar tus sueños.

Las buenas ideas y sueños financieros en gran parte sólo están limitadas por las mismas personas al carecer de la imaginación, confianza en sí mismos y ante la poca capacidad que tengas de plantearte miles de posibilidades que estén a tu favor, aunque, no te confundas, tener buenas ideas no te asegura que lograrás conseguir el bienestar económico por solo pensarlas, se trata de teoría praxis esto se refiere a que todo aquello que dices lo practiques de una forma asertiva, puedes ser un genio teniendo ideas únicas, creativas e innovadoras con un alto grado de emprendimiento, pero si no presentas las herramientas necesarias, la organización y la disciplina para materializar lo que deseas puede aun existir una gran probabilidad de fallar y fracasar en el intento. Es decir, tener grandes ideas, no estás exento de sentir dudas y hasta frustración que promuevan tener pensamiento de abandonar todo lo que has avanzado hasta ahora, cuando ocurra esto es el momento adecuado para detenerse y reflexionar.

El conseguir los ingresos que necesitas significa aventurarte desde el primer momento en el gran mundo laboral, este mundo laboral puede iniciar desde haciendo trabajos que nunca te imaginaste hasta formar parte de algo en donde no parece alentador continuar, ciertamente dichas situaciones no se encontraba entre tus planes pero sí pueden llevarte a través de la experiencia adquirida y reconocimiento de las propias expectativas, a algo mucho mejor.

Por esto el ser positivo y reflexivo de tu propia situación laboral te abrirá puertas maravillosas, las posibilidades son infinitas no importa desde el lugar donde las mires, no hay que sobre limitarse a ninguna situación imprevista y mucho menos subestimarse a una posición nada favorable que te lleve a pensar que se escapa de las manos revertir o mejorar. Siempre sin importar que, el pensar en frío ante cualquier decisión es el mejor consejo que alguien puede darte, mantén los pies siempre en la tierra firme. Mantenerse alerta ante las cosas que puedan cambiar y nunca cerrarse ante estos cambios. Todo tiene su margen de error y no son exactas, aún más cuando los mercados fluctúan de un momento a otro, así mismo cuando se depende de cualquier empleo que tenga una recompensación monetaria.

El no saber por dónde comenzar es completamente normal y natural aunque pueda llenarnos de vergüenza, alejarnos de nuestra zona de confort y sentirnos un poco ignorantes o incapaces en lo que concierne a algún tema que no manejemos con completa seguridad y confianza adentrándonos a un espacio desconocido como es el mundo del dinero y los seguros (recuerda estas palabras que desarrollaremos más adelante), es algo que con solo atreverse se volverá más simple con el pasar del tiempo, esto surge sólo con una palabra mágica que aprenderemos cada vez que lo seguimos intentando con el paso tiempo que es " la práctica".

Todo puede ser un paseo agradable si solo tú te lo propones, lo más inteligente es detectar las dudas que tienes para ir respondiendo poco a poco cada una de estas tomándonos el tiempo necesario para que todo se procese de la manera más adecuada y puedas analizarlo con más detenimiento, recuerda que todos tenemos un tiempo distinto para desempeñar nuestros proyectos, toma esto en consideración si entre tus planes no te encuentras completamente solo o si lo desarrollas con alguien más porque a lo largo de todo este camino que nos planteamos concluir en un futuro que sea de la forma más enriquecedora posible sin muchos contratiempo o dificultades exageradas.

Nos encontramos en una era completamente tecnológica y digital que con tener la facilidad y cinco minutos de tu tiempo puedes, navegando en internet las veces que quieras, encontrar numerosas oportunidades de adquirir beneficios y responder de una forma más sencillas a alguna de estas primeras preguntas que nos hacemos al empezar a un nuevo proyecto, obtenemos una amplia variedad de respuestas, pero no todas estas respuestas responden a todas nuestras preguntas, no cubren la mayoría de nuestras expectativas o nos sentimos inconformes con ansias de adquirir mucho más de lo que encontramos y no sabemos realmente de dónde obtenerlo, nos podemos empezar a sentir decaídos en algún momento por situaciones como estas, pero toda esta investigación previa nos brinda mucho más información de vital importancia que no teníamos y nos fortalecen a la hora de emprender nuestras y mejores posibilidades financieras tomando riesgos seguros. Al tener una base estable adquieres mayor facilidad de avanzar (Sigue leyendo para saber cómo tomar riesgos seguros).

Al comenzar el camino económico ideal para conseguir la independencia soñada que todos requerimos en nuestras vidas se encontrará plasmado a lo largo de este tercer tomo, donde trataremos de responder todas y cada una de esas preguntas referentes a cómo obtener dinero, seguros, consejos y más, que pueden asegurarte e impulsarte en el mundo laboral para dilucidar de una forma menos compleja y más entendible este amplio tema de los negocios. Te ayudará a tomar el primer paso para empezar tu libertad monetaria y bienestar financiero lo antes posible sin morir en el intento, camino a la felicidad económica que mereces.

# Capítulo 2: Fórmula para conseguir dinero... ¿fácil, rápido y seguro?

Esta es la pregunta del millón de dólares, su respuesta resolvería absolutamente todos los problemas que a más de uno de nosotros nos aqueja en estos momento, qué es el dinero y la razón por la que estamos aquí, es un tema delicado para algunas personas y no es para nada fácil. Sabemos a la perfección que el dinero no puede comprar la felicidad pero es mejor llorar manejando un Ferrari y comiendo, que ir a pie y con hambre, todos queremos, al igual que merecemos, saber la respuesta a esta pregunta y a muchas más. No hay nada que nos encantaría más que el poder encontrar la ruta ideal a simple vista como si fuera una pastilla que se recetara en cualquier consultorio y con solo ir a la farmacia de la esquina estuviera allí la respuesta de dónde se encuentra esa gran oportunidad que está hecha exclusiva y únicamente para ti y así de esta forma poder ganar más que un extra al mes.

Por más que no te lo creas, esa oportunidad se encuentra al frente de tus narices y no puedes verla aunque te lo propongas, como describe e ilustra el autor Antonie de Saint-Exupéry en su famoso cuento infantil llamado "El principito" en el que este hermoso cuento además de brindarnos de mucha sabiduría, alejándonos de los pensamientos tan cuadriculados en uno de sus capítulos nos enseña que "Lo esencial es invisible a los ojos" y es en este pensamiento en el que hay que regirnos para empezar porque no son una, sino, múltiples las formas en que se puede obtener algo factible que se convierta en más que un empujón para mejorar nuestra calidad de vida en un futuro cercano.

No obstante es cierto que algunas personas requieren mucho más esfuerzo y tiempo que otras para avanzar en sus metas y no en todos los proyectos se manejarán de la misma forma ni se comunicarán con el mismo lenguaje pero al final son un gran complemento para llevarlos a cabo, esta experiencia es beneficiosa si estás en la búsqueda de un nuevo trabajo o te encuentras pensando en cambiar de empleo y abrirte a nuevas elecciones que te da la capacidad de explorar esas opciones con más libertad, al existir múltiples plataformas, no sólo en internet, puedes encontrar en las que te ofrecen millones de elecciones para brindar un servicio a cambio de otro dependiendo de cuáles sean tus mejores cualidades y cuál sea tu experiencia previa tanto académica como laboral.

## **Seguro, fácil y rápido.**

Antes de profundizar en los diversos trabajos que podemos adquirir es importante tener en cuenta que según la real academia española conocida con la siglas RAE uno de los significados que le atribuyen al trabajo es "Dificultad, impedimento o perjuicio" ciertamente muchos identificamos el trabajo laboral con esas palabras y en diversas ocasiones es cierto e incluso lo vivimos en carne propia, no existe un empleo que sea seguro y muchas veces sacrificamos mucho de nuestras vidas en un ambiente que no nos enriquece, ni se lo merece, terminamos sintiéndonos perdidos, usados, frustrados y poco valorados por nuestros empleadores.

No hay un trabajo que sea fácil y no hay nada de que desanimarnos por esto, al contrario, la idea es buscar el giro perfecto en donde ponerlo a nuestro favor, el mejor trabajo, sin duda, es aquel en el que te desenvuelvas de una forma cómoda y tranquila, aunque en muchas ocasiones te encontrarás con situaciones que te harán salir de tu zona de confort pero debes saber que puedes con cada uno de los retos que te pongas y sacar tus mejores virtudes que puedan ayudarte a ponerte a flote y sacarte de una forma victoriosa donde te sientas orgulloso y conforme con lo que elaboras; una de las famosas frases de Confucio que nos habla de esto es la siguiente: "Elige un trabajo que te apasione y no tendrás que trabajar ni un solo día de tu vida" al disfrutar lo que haces todos los beneficios que puedas sacar de ella serán siempre ganancias y ninguna pérdida.

Los trabajos rápidos te dan ganancias rápidas pero efímeras esto puedes entenderlo mejor mediante esta sencilla fórmula:

Ganancias = (Tiempo x Esfuerzo)

## Determinación

Plantéalo de esta forma, si las ganancias es el resultado final que deseas obtener, tienes que aplicar tres datos más que serán fundamental para tener un resultado confiable y este no cambie a ser un falso positivo que no esperamos, complicando todo, y este empiece a competir con nuestro ritmo de trabajo o de vida. Te lo explicaré de esta forma más sencilla, el tiempo es indispensable no solo para realizar tus actividades diarias, sino, debes de adquirir un tiempo libre que sea completamente dedicado para empezar la búsqueda de conseguir ingresos con la actividad que vayas a desempeñar, independiente de cuál sea esta, te ayudará a obtener esa compensación que necesitas, todo lo que siembras será lo que podrás cosechar al terminar. En este punto es donde comienza lo divertido de la ecuación, el tiempo por el esfuerzo que le dediques dependiendo de la determinación que tengas será proporcional al resultado final, si tu determinación es lo suficientemente grande aplicando los dos datos anteriores es la fórmula para el éxito.

# Trabajo Independiente

Internet nos brinda información sobre un gran abanico de trabajos independientes en donde tenemos la oportunidad de desarrollarnos de la forma que deseas, además de que tener la gran posibilidad y ventaja de encontrar millones de plataformas en las que puedes explorar una gran cantidad de ofertas para conseguir la que mejor se adapte a tu ritmo de vida, mientras esta te otorgue la compensación que mejor consideras según tus habilidades.

Antes de explicar todas las posibilidades laborales que existen es vital entender que hay un ingreso activo y pasivo, te preguntarás qué es esto pero es muy sencillo. Primero definamos ¿qué es un activo? Este es un término contable que se emplea para llamar a todos aquellos bienes, materiales e inmuebles que comprende una persona u empresa en su poder. Pero ¿qué es un ingreso activo? El ingreso activo es el dinero que recibes a través de un trabajo que requiere de tu tiempo, dedicación y esfuerzo, en pocas palabras, te pagan por el tiempo invertido en el que realizas una actividad que ellos requieran; mientras que el ingreso pasivo es todo lo contrario, son ingresos obtenidos sin requerir nada de tu tiempo y estos van aumentando progresivamente mientras tú no le dedicas nada y puedes englobar tu tiempo a otros tipos de proyectos.

Los ingresos pasivos es lo que te dará la verdadera libertad económica anhelada además de ser el mayor secreto de muchos empresarios multimillonarios o al menos la manera en la que lograron adquirir el status económico que a pesar del tiempo siguen manteniendo. Incluso muchos artistas famosos al envejecer mantienen su mismo ritmo de vida gracias a regalías por los trabajos realizados que aún siguen teniendo una gran ganancia, pero claro está, esto solo se puede conseguir luego de obtener ingresos activos, por supuesto, aunque lo queramos o no, no podemos saltarnos este paso, recordemos que para poder lograr nuestra meta empezamos con un paso firme a la vez.

Entre alguna de las opciones que pueden ser factibles vía online puedes conseguir la ventaja de mantenerte en la comodidad de tu habitación sin las complicaciones de los trabajos, hay muchas pero siempre dependerá de las habilidades que tengas. El marketing digital por ejemplo, es una de ellas, si te consideras bueno en la publicidad de venta estas son pagadas mediante un porcentaje de comisiones; otra opción es si posees alguna habilidad, como dibujar, el vender tu arte y lo que sabes hacer por internet te puede abrir muchas puertas.

Recuerda que algunas oportunidades pueden ser engañosas, en muchos lugares de internet te venden cursos y capacitaciones de cómo incursionar en estas plataformas y ganar dinero de una forma fácil y rápida, pero esto no es cierto, mucho de estos cursos no te brindan una información veraz ni segura, o te invitan a invertir dinero sin un conocimiento previo de y con o sin mala intención puedes perderlo, tienes que tener siempre presente que esto fluctúa

Algunos dedican su tiempo en ventas online pero si no realizas una inversión y solo te dedicas a vender tus pertenencias terminarás peor que como comenzaste. Lo fácil en muchas oportunidades no es el mejor camino a seguir.

Desde otro punto de vista si eres mucho más tradicional o no te sientes cómodo con este tiempo de empleo, siempre existen posibilidades a medio o tiempo completo que puedes conseguir y te resulte mucho más cómodo. El confort es importante pero no hay que temer salir de este cuando es necesario, si quieres avanzar y lograr objetivos que nunca has logrado tendrás que tener acciones que jamás has realizado, el siempre encontrarte activo en alguna actividad que te dé beneficios económicos es la mejor forma de empezar el camino hacia la independencia y libertad, no solo mental o emocional, pero el objetivo no es solo el tener beneficios para verlos completamente, tienes que saber administrarte, darte gustos es lo más sano e importante, siempre recompensarte por cada avance para disfrutar de los frutos obtenidos.

Ahora bien, si tienes una mala administración de tus activo, que a fin de cuentas son los recursos obtenidos, al desperdiciar estos recursos que puedan ser traducidos en bienes o en dinero efectivo que al no ser bien administrados de forma coherente terminarán siendo dilapidados, y solo obtendrás no tener ni para invertir en algún proyecto productivo, no satisfacer tus necesidades básicas, mucho menos podrás ver el verdadero avance que puedas haber proyectado con el paso del tiempo y que la mayoría de estas ocasiones terminamos esclavizados de un trabajo insatisfactorio para pagar las cuentas, como resultado terminaríamos convirtiéndonos en personas insatisfechas, cansados y atrapados en una misma historia de sueños sin cumplir. Sin duda, esta situación influye en el desarrollo económico de cada uno de nosotros, más aún cuando nuestros objetivos es ser parte de un negocio creativo y divertido que nos haga siempre prosperar, que nos permita ser y sentirnos sustentable e independiente y sobre toda las cosas completamente felices con lo que hacemos.

# Capítulo 3: ¿Cómo transformar la debilidad en fortaleza?

Todos tenemos alguna debilidad que nos hace sentir inseguros y poco capaces de lograr ciertos objetivos en nuestras vidas, pero hay que tener en cuenta que la debilidad no es más que el desconocimiento sobre algún paso que damos, te preguntarás en qué se relacionan, no te preocupes, no hay un manual exacto en el que podamos recurrir y nos diga paso a paso qué hay que seguir para obtener lo que queremos y si lo encuentras no hay seguridad alguna que cubra cada uno de todos los contratiempos que puedan surgir en algún momento imprevisto, no hay una fórmula exacta para todo, la idea de esto es que puedas adaptarla a las necesidades que tienes y cubrirlas de la mejor forma posible. Si existiera tanta facilidad para resolver cualquier problema las debilidades no serían tomadas como algo de tal gravedad y ciertamente no lo es, la debilidad solamente es algo transitorio que puede ser transformado en una fortaleza de forma sencilla y accesible como lo es el conocimiento a lo desconocido.

Representemos esto con algunas sencillas fórmulas, recuerden que para resolver cualquier tipo de obstáculo solo hay que tener un poco de imaginación y determinación, tener un pensamiento cuadrado, haciendo alegoría al "Principito", nos impiden visualizar soluciones innovadoras, si no nos sentimos satisfechos de la forma en que se presentan algunas situaciones esto va a dificultar el poder crear una nueva propuesta para superar satisfactoriamente esa dificultad, en concreto la debilidad en la mayoría de los casos es el resultado directo del desconocimiento y el conocimiento acertado va a representar la respuesta para todos esos problemas:

Debilidad = Desconocimiento

Desconocimiento = Conocimiento

Cuando tachamos las primeras tres letras de la palabra desconocimiento tenemos como resultado conocimiento y esto no solo aplica en este caso, sino, en muchos otro como lo son el desinterés en interés, la despreocupación en preocupación y la desmotivación en motivación. Estos tres ejemplos anteriores nos demuestras que si tachamos todo aquello que no nos permita prosperar y nos detenga, al detectar cuál es la debilidad que tenemos obtenemos que esta se convierte en el conocimiento principal para poder cambiarla, para conseguir liberarnos de la inseguridad que nos otorga la debilidad y así transformarla en una fortaleza más.

Un claro ejemplo es cuando empezamos a formar parte de una empresa o comenzamos un nuevo trabajo o proyecto que tenemos, siempre se presentarán debilidades sin importar que esto es completamente normal, pero estas solo están por la falta de información en el área que abordamos, el no conocer principalmente el cómo hacerlo teniendo los recursos necesarios para su logro, si obtienes los recursos pero no sabes cómo transformarlos al producto final es la principal debilidad, por esto en muchas compañías implementan las capacitaciones antes de comenzar, en ellas se demuestran no sólo interés, sino, la capacidad de perseverancia que tiene el futuro empleado para que esto no sea una debilidad al momento de desempeñar el trabajo, en estas capacitaciones te proporcionan la estructura necesaria de qué hacer y cómo hacerlo.

Conocimiento = Fortaleza =/ Desconocimiento

El conocimiento es igual a la fortaleza y diferente al desconocimiento, si obtenemos el conocimiento la debilidad no existirá, se transformará en una fortaleza porque sabes cómo debes actuar y la forma en que llevarás a cabo esa dificultad en el momento que se presente. Cuando solo existen fortalezas es el momento cuando las oportunidades se presentan y eres capaz de adquirir muchas más fortalezas.

Todos estamos expuestos a situaciones catastróficas e inciertas y no sabemos en su mayoría el cómo manejarlas, si eres una persona emprendedora puedes tomar esto a tu favor y nunca verlo como un obstáculo. Si conociendo lo que no manejas e informando a los demás que se encuentran en tu entorno usando tus fortalezas puedes educar y ayudar a crear la fortaleza de los demás en tu ambiente laboral, con esto puedes obtener resultados más satisfactorios e importante en tus ingresos económicos.

# Capítulo 4: Seguros... ¿Riesgos planificados?

Al hablar de seguridad podemos tener dos enfoques, estos son muy distintos uno del otro, aunque ambos se encuentren estrechamente relacionados uno del otro. Entonces podemos referirnos en un principio al que hace referencia al sentimiento de seguridad como instinto básico que adquirimos al obtener algún tipo de objeto que cubre una necesidad básica reduciendo nuestros riesgos de supervivencia, haciendo más fácil y llevadera nuestras actividades diarias; por otro lado el segundo enfoque, es aquel que da la seguridad que ofrecen múltiples aseguradoras ante un riesgo o suceso que pueda ocurrir en el futuro, sea este incierto e independiente de la voluntad del asegurado sin poder evitar que este pase, a continuación desarrollaremos ambos enfoques desde los puntos de vista antes descritos.

## La seguridad como instinto básico.

La necesidad de seguridad es una fuerza que domina todas las esferas de nuestras vidas, para todas las personas, independientemente de cuál sea nuestro tipo de emprendimiento laboral o nuestro estilo de vida, desde el mismo momento en que comenzamos el camino para el bienestar económico que deseamos se requiere de ese sentimiento de seguridad para avanzar. Si no nos sentimos seguros ante las acciones que tomamos, en cualquier momento tendremos el deseo de abandonar o retirarnos, de esta manera la inseguridad nos impide tomar las mejores decisiones para cualquier emprendimiento, tanto por el miedo a lo desconocido como la falta de herramientas para afrontar y superar los temores que puedan ir surgiendo. Lo antes señalado puede afectar la toma de decisiones ante una nueva oportunidad, incluso puede hacer que nos alejemos sin pensarlo dos veces, este es un claro y evidente error de lo que muchos de nosotros cometemos a lo largo de nuestras vidas.

Por esta misma razón, es de vital prioridad en toda labor que hacemos o que desempeñamos, como en los emprendimientos, que nos propongamos satisfacer la necesaria seguridad, por ende no se debe descuidar este aspecto en los diferentes aspectos de nuestra vida diaria como laboral. Esto nos hace reiterar que la seguridad es un instinto básico que debemos procurar cubrir en primera instancia, tan importante como lo son las necesidades fisiológicas de todo ser humano como lo son comer o dormir. Te lo explicaré de esta forma, una de las primeras necesidades que requerimos poseer es la de emocional, quizás sea hasta la más importante. Si no nos sentimos seguros de nosotros mismo y de ser capaces de poder lograr cualquier obstáculo, nos quedaremos estancados en la mediocridad de la palabra "no puedo" y no te aseguro que no llegaremos ni a la esquina con este pensamiento.

Ahora bien, más allá de la seguridad emocional a la que hacemos referencia, existen otros tipos de seguridades de las que requerimos, tales como la seguridad económica, la seguridad jurídica, la seguridad sanitaria, entre muchas otras. Por tanto, es amplio el espectro a que hacer referencia cuando se habla sobre la seguridad pero no por eso debemos dar por sentado que están cubiertas en todos sus aspectos sin nuestra debida atención.

Pudiese darse el caso que, aún teniendo la suficiente seguridad emocional que nos ha permitido avalarnos una seguridad económica, esta no nos garantiza que podamos dudar de la respuesta efectiva ante una situación de riesgo, sobre todo garantizarnos los servicios jurídicos, médicos que puedan ser requeridos, por ejemplo la necesidad jurídica es de gran interés ante todo contrato que realizamos, no debiendo ver a estos como una simple hoja de papel firmada que no tiene verdadero valor, el tramitar apropiadamente la certificación notariada de los mismos, proporcionará que nos encamine a una mayor estabilidad en nuestra seguridad económica. Esta última no solo se da con la pericia laboral que presentes o qué tan bueno seas en generar ingresos, sino, en la capacidad que tienes a la hora de tomar decisiones que en forma inteligente proteja los activos y al final de cuentas todo el emprendimiento realizado.

Ante esto podemos ver que somos capaces de poder evitar ciertos sucesos con una buena organización. De igual forma podemos responder ante ciertos sucesos de una forma adecuada cuando enfrentemos algunos de estos problemas.

La prevención es importante ante cualquier evento en el que incursionamos. Desentenderte de eventos que pueden ocurrir sólo porque estos sean negativos no te dirigen a poder evitarlos o que solo por no pensarlos no haya la posibilidad de que estos ocurran. No crear un plan de reserva para hacer frente a estos daños puede ser la fórmula que nos haga llegar al fracaso en muchas ocasiones.

Es así como también una buena administración de los recursos que tienes en tu poder y un buen ahorro del capital, nos permite adquirir una base sustentable para afrontar un riesgo seguro, este punto importante lo desarrollaremos más detalladamente en el siguiente capítulo. Siempre se recomienda tener una aseguradora confiable que nos permita tener la certeza que en cualquier momento de peligro puedas contar realmente con algo cierto y tangible que te ayude a no tener pérdidas significativas en tu inversión y que te dirijan a abandonar los proyectos que realizas afianzando así el sentimiento general de seguridad que requerimos tener.

# La seguridad ante sucesos o hechos.

Cuando nos encontramos en el progreso económico existen algunas amenazas que pueden perjudicar y ser desfavorables en nuestra economía, es en este momento donde entra el trabajo de las aseguradoras, ellas se encargan de ofrecer una cobertura óptima a cierta clase de riesgos que pueden presentar el patrimonio de una persona o su propia integridad, todo esto por medio de cuotas o también conocidas y llamadas como primas pagadas, que no es más que el costos que tiene el seguro. Estas primas son las que otorgan la seguridad para poder solucionar el problema al momento que ocurre o se hace presente un incidente o siniestro que ponga en riesgo la inversión y hasta la integridad del emprendimiento. Hay que tener presente al obtener un seguro que no estás exento ni evita que este riesgo suceda pero gracias a esto pueden compensarse las pérdidas económicas que sufres al presentarlos.

Pero verdaderamente la pregunta es: ¿Qué son los riesgos?, estos deben ser entendidos como la posibilidad que existe de que ocurra un hecho que en muchas ocasiones ignoramos por falta de información y estas trae repercusiones económicas desfavorables directamente a los activos que tienes, son daños ocasionados fuera de tu propia voluntad y deseo que en muchas ocasiones no podemos controlar, como lo es, por ejemplo, un imprevisto climático como una inundación, un incendio o robos incurridos por terceros ajenos a nuestro control.

Es aquí que debemos conocer que las aseguradoras son muy específicas en cuanto a la cobertura que estas pueden ofrecer, esta depende del hecho por ocurrir, tienen ciertos parámetros que deben cumplir, uno de estos es que este debe ser un suceso a tiempo futuro, no actual, ni pasado, no puede haber sucedido en un pasado ni que esté pasando en la actualidad, la existencia del riesgo es lo esencial que debe ocurrir para poder obtener un seguro, estos hechos que ocurren en un futuro no puede ocurrir por la responsabilidad del asegurado. En pocas palabras, cualquier daño provocado independientemente de la pérdida, la aseguradora no se hace responsable, debe ser un suceso totalmente ocurrido por azar, también agregan que el tipo de daño que es causado debe poder ser definido, como por ejemplo, un robo o un incendio ocurrido, no cubren por completo todos los riesgos que puedas correr, finalmente, solo si el daño provoca una pérdida financiera y este no sirve de lucro para el asegurado, si cumple con todos estos parámetros será cubierto por un seguro.

Ahora bien, te voy a describir y dar a conocer las diferentes modalidades de los seguros que pueden ofrecer las empresas dedicadas a este rama, esto con la finalidad de que tomes siempre en cuenta que según la envergadura de la inversión y el tipo de emprendimiento que realices, asegurar tu inversión es un factor a ser tomado en cuenta para evitar una pérdida parcial o total en caso de suscitarse un imprevisto o situación fortuita e inesperada. Por supuesto, asegurar dicha inversión no da "por seguro" el éxito, esto dependerá de tu impulso, la seguridad en ti mismo, el estudio de las oportunidades como de las ventajas y desventajas del mercado en el que te adentrarás.

## Tipos de seguros.

Existen una amplia diversidad cuando hablamos de los tipos de seguros, esto existe para cada distinto tipo de riesgo a futuro que podamos presentar en algún momento de nuestras vidas, estos se dividen en tres clasificaciones distintas. El primero que explicaremos a continuación serán los seguros denominados "**seguros personales**", esta clase de seguros ofrecen una cobertura al daño que afecta al individuo. Esto quiere decir, cosas que pueden poner en peligro el bienestar y la integridad e incluso la vida del asegurado. En este seguro se encuentran integrados los seguros de vida, enfermedad y accidentes. Seguido por los "**seguros de riesgo**" que implican un daño directo a nuestros bienes, ocasionando grandes pérdidas económicas, y por último, los llamados "**seguros multirriesgos**" que será explicado con más detalle al final de este capítulo.

## Seguros personales

Los seguros de vida o seguros personales tienen el trabajo y la responsabilidad de responder ante un suceso que ponga en peligro nuestra integridad como individuo, estos se encargan de indemnizarnos y protegernos ante un imprevisto. Tienen el deber de cubrir no solo cuando ocurre el fallecimiento del asegurado, sino también, la supervivencia que este tenga. Esta supervivencia implica tener un ahorro el cual ha sido abonado progresivamente a la aseguradora para que en el momento de una jubilación o incapacitación esta se otorgue al asegurado. Esta clase de seguros presentan garantías que cubren tanto la vida como la muerte.

El seguro de enfermedad o también conocido como seguros de salud y accidentes, es el más conocido y sin duda el más recurrido. Estos seguros te realizan una evaluación general y estudian tus años de vida, establecen así un monto estipulado del valor que tiene tu vida, adicional a esto establecen montos por cada patología que puedes presentar como por ejemplo hipertensión arterial, diabetes o algún problema metabólico que poseas. Los seguros de salud se ven más utilizados en caso de accidentes imprevistos cuando se requiere realizar alguna intervención quirúrgica tanto especializada como simple. Si no presentas un seguro, los costos de los procedimientos son muy elevados y muy poco rentables, pero poseer esta clase de seguridad es la forma más confiable para correr con estos gastos cuando ocurren.

## Seguros de daño

A diferencia de los seguros personales estos se encargan de indemnizar todos los daños que ocasionan pérdidas económicas sobre un bien material asegurado, compensando con un porcentaje para poder recuperar estas pérdidas sufridas por la avería, robo o daño del mismo. Las aseguradoras tienen la responsabilidad sobre los bienes materiales que presente el asegurado y estos objetos a su vez presentan un valor objetivo, si no lo tienen, no es un bien que pueda ser asegurado ya que requiere tener un valor monetario y no solo sentimental, este puede ser desde un inmueble, un vehículo, proyectos de construcción, hasta mercancía comprada para una inversión.

# Seguros multirriesgos

Esta última clase de seguros, es un seguro muy particular, diferente al resto En esta clase de seguros se incluyen pólizas que cubren una amplia diversidad de riesgos a los que puede estar comprometida una actividad en concreto o bien material asegurado. Estos riesgos se basan en los objetos y bienes materiales como también patrimoniales y personales, en este caso los ejemplos más conocidos sobre estos seguros son los conocidos seguros del hogar, seguros comerciales, independientemente estos sean de una pequeña o mediana empresa. Todo esto abarca y cubre en un solo contrato de seguro con coberturas a varios incidentes o sucesos como lo pueden ser incendios, robos, daños por causas ajenas, por responsabilidad civil o accidentes de terceras personas.

Por último hay que enfatizar que dependiendo del emprendimiento que poseas debes optar por un seguro y si tu emprendimiento es grande es aún más recomendable y favorable requerir de uno y estar asegurado porque esto te garantiza que cuando ocurran situaciones de catástrofe, no ocurra una pérdida de inversión parcial o en el peor de los casos completa. No es lo mismo ir por lo seguro a estar seguro, si no se encuentran las condiciones dadas para guardar el capital invertido pueden tener pérdidas completas, tus deudas aumentarán y no podrás obtener la libertad económica que deseas alcanzar. Hay que tomar en cuenta otros aspectos aparte de los laborales, como son los emocionales. Según las necesidades que presentes será el mejor seguro que requieras a la hora de enfrentarse con algún suceso que implique un riesgo.

# Capítulo 5: Para cumplir metas hay que endeudarse y tomar riesgos.

Cuando se invierte dinero para tomar el control de tu libertad financiera siempre elegimos la opción que nos brinde la mayor seguridad económica posible, ahora dejamos mucho más en claro cuáles son los riesgos económicos que pueden suceder y cómo las aseguradoras pueden brindarte una compensación no solo emocional, sino también económica, cubriendo alguna pérdida financiera por un imprevisto futuro, pero muchos de los riesgos que no respalda una aseguradora son los que tomados a la hora cuando nos aventuramos para recobrar el control administrativo de nuestros ingresos y de lo que implementamos para que estos vayan creciendo en la medida que transcurre el tiempo. No obstante, estos riesgos aún tienen la probabilidad de hacer que perdamos parcial o completamente nuestra inversión, pero si no lo hacemos, nos alejamos cada vez más de la esperanza de cumplir las metas que nos proponemos.

A la hora de asumir un riesgo, la pericia será esencial cuando nos encontramos en el momento de tomar la decisión ante un riesgo financiero. Para alcanzar la meta que deseamos, cualquier persona puede tener esta habilidad, con ella resolveremos de una forma mucho más simple, con velocidad y de una forma competente, problemas sin importar el obstáculo impuesto que este tenga. Para poder desarrollar esta habilidad tenemos que poner en práctica la experiencia obtenida a lo largo de toda nuestra vida, este puede ser un aprendizaje teórico, alguna vivencia o algo que hayas visto en algún momento y poder replicarlo no en todos los casos del mismo modo pero con resultados satisfactorios.

Adquirir un riesgo que nos retribuya mucho más de nuestro límite mínimo de ganancia es lo que todos queremos, pero no hay que tomar estos riesgos a la ligera, un ejemplo muy sencillo es:

Cuando realizas la compra de un vehículo utilizando un crédito, estás asumiendo un riesgo. Tener un auto es indispensable para cualquier ritmo de vida pero si este es utilizado durante el tiempo que aún se cancela el crédito. Si no se utiliza como uso personal, si no es de forma inteligente, afiliado a una empresa, puedes hacer que los gastos que tenga se cancelen solos, ¿Pero cómo hacer esto? Una idea es afiliarlo como Uber, correrás un riesgo de inversión para empezar pero este puede ser factible para compensar tus ingresos económicos con los costos que mes a mes debes hacerte responsable de cancelar, además de todos los intereses que trae consigo, existen múltiples compañías de seguro que te pueden ofrecer un seguro para prevenir cualquier daño que el vehículo pueda presentar y así te respalden para no tener pérdidas económicas por sucesos imprevisto.

Sé objetivo, directo y claro en todos y cada uno de tus planes. Cuando obtienes préstamos y demuestras que con todos tus ingresos puedes hacerte cargo de más beneficios, siempre te llamarán y te ofrecerán incluso más de lo que realmente necesitas, eso ocurre gracias al llamado crédito positivo, pero no podemos deslumbrarnos por la cantidad de propuestas por más asombroso que sea lo que nos ofrezcan y estas no tengan una seguridad de brindarnos un beneficio económico. El abordar con responsabilidad todos nuestros actos nos hará capaces de llegar a nuestra meta final. Por ende la pericia obtenida en el trámite, manejo y organización de las inversiones y los ingresos sin duda alguna marcará la diferencia en cada emprendimiento que te propongas.

Por lo antes señalado, la pericia es una habilidad que te permite poder manejar de formas alternas un problema, por ejemplo:

A través de lo que se conoce como la trasmisión cultural, en la medida que vamos creciendo nos empapamos de información completamente nueva, desde aprender a caminar, hablar y comunicarnos, en esta etapa primaria hasta luego saber qué hacer y cómo responder a los requerimientos personales y del entorno social, en la segunda etapa del proceso de aprendizaje. Ahora bien, ante cada nueva necesidad que se presenta y amerita darle solución, este proceso de aprendizaje dará sus frutos con el tiempo, se hacen parte de nosotros las experiencias vividas y las lecciones aprendidas, así podemos llegar a un punto en el que responder ante ciertas situaciones lo haremos de una forma natural, e incluso, por la experiencia hacerlo de una forma distinta pero con los mismos o mejores resultados.

Hacemos referencia a la requerida pericia que ha de ser obtenida de forma previa a través de la experiencia, al ser un hecho que la independencia económica no proviene en una caja de cereales y que tampoco existe el hada madrina financiera que te concederá la estabilidad e independencia que necesitas con solo mover una pequeña varita mágica, si fuera de este modo no dedicaríamos nuestro tiempo ni dinero en planificar proyectos que nos puedan llevar a estar cada vez más cerca de la estabilidad y libertad económica. En ocasiones comparamos esta búsqueda tan similar o igual a la tarea de encontrar una aguja en un pajar.

Es por esto que, reconocer nuestra experiencia previa como una herramienta significativa te permite visualizar que dar lo mejor de ti te hará recibir cada vez mayores beneficios. Mientras más esfuerzo y dedicación en aprender y desarrollar herramientas y habilidades que se traducen en pericia, mayor es la probabilidad de la recompensa y en ocasiones aumentada. El esfuerzo da frutos pero este depende de la cantidad que tú hayas dedicado en un principio, nada es gratis y todo lo que viene rápido de esa misma forma fluye y desaparece. El tiempo invertido nunca es desperdiciado, aun cuando no se obtenga lo que deseamos, adquirimos experiencia y esta formará parte importante de la pericia.

# Capítulo 6: Cuatro "D" que pueden ayudarte a conseguir tu libertad financiera.

Existen muchísimas cualidades que son imprescindibles en el momento de empezar un camino económico ideal, pero ¿a qué llamamos nosotros un camino económico ideal? Muy fácil, se trata de emprender la búsqueda a nuevas oportunidades donde podemos enriquecernos económicamente, manteniendo una estabilidad progresiva para un mayor beneficio monetario, donde nuestro mejor perfil debe resaltar ante cualquier otra debilidad para favorecernos y hacernos útil a lo que necesitemos, pero si nos sentimos un poco perdidos y requerimos de conocer o saber qué nos puede ayudar a impulsarnos o cuáles son los mejores aspectos al enfrentar la competencia laboral, pero recordemos que la competencia no es mala y no hay porqué temerle, todo lo contrario, cuando nos encontramos en un mundo tan competitivo no bajamos la calidad de nuestro producto o del trabajo que hacemos, por el contrario, lo que intentamos es hacer que la calidad aumente progresivamente hasta ser el producto favorito de todos nuestros consumidores.

Explorando las alternativas que pueden presentarse para obtener la tan deseada libertad financiera se me hace coherente el presentarte estas cuadro "D", las cuales no son más que la guía que conseguirás a través de esas palabras claves, las cuales pienso que son herramientas en las que debes ejercitarte para iniciar o estructurar aun mejor tu libertad financiera.

Las cuatro "D" a las que hago referencia no son más que la determinación, la dedicación, la dirección y la disciplina. Cada una de ellas implica por sí solas un amplio proceso de compromiso personal, pero todas juntas sin duda alguna aportarán una base firme a tu crecimiento personal y por supuesto una independencia económica a la altura de tu compromiso. Sin más preámbulo estas son las cuatro "D":

### 1. *Determinación:*

La determinación no es más que el fijar los objetivos que se tiene, señalando los defectos y las virtudes que puede o no presentar un proyecto para poder desarrollarlo de una forma organizada. Pautar los pasos claves que se necesitan para llegar a un fin. La determinación nos brinda un sentimiento de mayor seguridad, pero este también es una inyección de pasión, de osadía, si se puede lograr algo será gracias a la determinación que se tenga en alcanzarlo, así también debemos conocer que dentro de la determinación hay algo llamado autodeterminación. El ser autodeterminado y poder tomar decisiones independientes de comentarios que puedan influir en ella, si tú consideras que es la mejor forma de actuar será así sin importar qué pueda ocurrir. Esto sin duda te hará crecer como persona haciéndote sentir cada vez más dueño de tu destino.

Pero la determinación y la autodeterminación no van solas, por otra parte está el determinismo que es un pensamiento mucho más filosófico, es la clase de pensamiento positivo para el emprendimiento laboral, este afirma que todos los acontecimientos que puedan pasar en un futuro dependerán de las decisiones que tomes y estas tendrán consecuencias que pueden influir de manera positiva en tu rendimiento. Este determinismo no debe ser cuadrado, ni mantenerse inerte. Siempre existe la influencia de sucesos impredecibles gracias al azar y esta es la razón por la que debemos tomar las precauciones necesarias para batallar frente a ellas por medio de riesgos planificados.

## 2. *Dedicación:*

La dedicación va estrechamente vinculada con el tiempo y el esfuerzo. A lo largo de este tomo hemos repetido mucho la palabra tiempo y esfuerzo que no es más que la dedicación exclusiva que se tiene enfrente de los ámbitos económicos para alcanzar la libertad financiera. Si tenemos dedicación exclusiva a lo que deseamos obtener será más evidente el conseguirlo ya que nos vinculamos por completo en las actividades que realizamos, estas serán centradas al beneficio futuro que podemos obtener.

Por ende, al igual que en las distintas etapas de nuestro crecimiento, hubo que dedicar tiempo y esfuerzo para aprender hablar, luego a comunicarnos de forma asertiva, cómo aprender distintos medios que hoy te permiten comunicarte del mismo modo. El buen uso de ese tiempo dedicado al fortalecimiento y desarrollo de tus capacidades físicas y mentales sentarán la diferencia ante las oportunidades y tu capacidad de alcanzarlas hasta hacerlas tuyas como parte de tu proceso de aprendizaje.

### 3. *Dirección:*

La dirección es el rumbo que tomamos y según sea la dirección que tomemos también esta nos encaminará hacia el éxito que deseamos. Se trata de orientar las acciones de tu emprendimiento laboral a un determinado fin, fijarse metas, tomar decisiones y así guiarte a lo que deseas obtener. Si formas parte de una empresa o estás comenzando una, tienes que tener presente que la dirección no solo la debe tener la persona que la dirige, por el contrario, una buena dirección permite formar parte de esta a todas aquellas personas que participan en la empresa. El mismo caso se da en cualquier conglomerado humano. Al decir que existe una buena dirección es por haber demostrado ser clara y eficiente, permitiendo así que cada cual sepa muy bien lo que le corresponde hacer, hacia dónde debe dirigirse y qué acciones tomar ante cualquier requerimiento o eventualidad.

Es así como podemos asegurar que el éxito de una buena dirección está en hacer que todos los miembros de una empresa o proyecto de cualquier tipo se involucren en todos los aspectos del mismo, y por ende, en la medida que todos se involucran se forma el sentido de pertenencia y este hace que fluya progresivamente hacia la meta. Se tiene que considerar al mismo tiempo que diseñar estrategias con objetivos claros permite organizar tácticas apropiadas que nos lleven a alcanzar el fin último que no es más que el bienestar y beneficio de todos los involucrados.

### 4. Disciplina:

Por último y no menos importante tenemos la disciplina. Al hablar de disciplina no se hace sólo referencia al comportamiento, también ha de considerarse que la disciplina requiere de una apropiada y positiva actitud. La actitud puede traducirse como el modo, la energía y hasta las ganas que se exteriorizan y se asumen a la hora de tomar el rol protagónico y profundizar en las necesidades de cualquier tipo de proyecto.

A su vez la disciplina se rige mediante ciertos tipos de códigos, entre otros tantos paso a señalar dos de los más importante que deberán de tomarse en cuenta y cumplirse a cabalidad para garantizar así el logro fiel de tus objetivos. El primero es el deber de cumplir de forma puntual con horarios laborales y el segundo dedicarse todos los días en cierto momento a mejorar una habilidad. Esto último se conoce como autodisciplina, que es una estructura formada por una serie de pasos y actitudes que llevamos a cabo de una manera constante.

Luego de haberte descrito y señalado las cuatro "D" que podrán gestar los cimientos de tu independencia económica y de gran valor para tu desarrollo personal, el tomar atención y proponerte hacerlas parte activa de tu vida te demostrará cada vez más el beneficio de ellas. La estabilidad financiera no se logra por antonomasia sola, requerirá que le prestes compromiso y constancia.

Podemos concluir que el objetivo que nos planteamos al comenzar este camino, de orientarte las cuatro "D" está en entender que aunque puedan resultar parecidas entre ellas cada una tiene diferente enfoque importante que influye en nosotros. Si tenemos determinación para lograr un objetivo pero no tenemos la dirección correcta podemos desviarnos del objetivo y encontrarnos con otras barreras que nos impidan avanzar. Por otro lado si tenemos una dirección clara pero carecemos de dedicación y disciplina nos encontramos atascados y no podemos visualizar el progreso que tenemos porque no tenemos el enfoque necesario.

Por esta razón debemos mantener un equilibrio. Si tenemos la dirección correcta, la determinación para tomar decisiones y enfrentarnos a los contratiempos con dedicación y disciplina, tendremos la base necesaria para comenzar cualquier tipo de oportunidad sin la necesidad de abandonar y poder alcanzar con éxito nuestros objetivos.

# CONCLUSIÓN

Luego de haber abordado los diferentes tópicos a lo largo de este tercer tomo, donde cada uno de ellos hace resaltar un aspecto importante que tiene como principal objetivo permitirnos cumplir todos nuestros proyectos a futuro, sólo si somos capaces de ponerlos en práctica y no se queden solo plasmado entre estas líneas, porque no solo nos ayuda a enriqueciéndonos de una amplia variedad de consejos y conocimientos que puede ser que no teníamos en un principio o no los entendíamos por completo, pero gracias a todo esto podemos concluir y referirnos de la siguiente forma a cada uno de los postulados antes abordados:

El esfuerzo es el primer aspecto que hablamos en el primer capítulo y esto no es por casualidad ni gracias al azar que este se encuentre allí. Cuando nos aventuramos a un mundo completamente desconocido y somos completamente nuevos en esto, siempre vamos a tener tropiezos, dudas, miedos y una cantidad de pensamientos negativos que solo alimentarán las ganas de abandonar. Aquí es donde entra el esfuerzo, sin importar cuántas veces caigamos y aunque esto atraiga repercusiones económicas nada favorables, el esforzarnos para vencer es la solución para encontrar esa oportunidad en la que nos desarrollaremos solo con el tiempo, todo es un aprendizaje diario y sin importar que, incluso lo desfavorable no termina siendo así completamente, ya que al ocurrir nuevamente sabemos cómo manejarnos frente a ellos y saber qué cara poner.

Otro de los aspectos importantes en cada proyecto emprendido es que debemos terminarlo, aun así estemos seguros que no tendrá los mismo frutos que en un principio se proyectaban obtener o que incluso merecen. Más aún, cuando el abandono de un proyecto no solo deja el mal sabor de la derrota en la boca, también hace ver que todo el tiempo, esfuerzo y por supuesto inversión realizada se traduzca en una pérdida total. Por tanto es imprescindible llevar cada proyecto hasta el final, todo el proceso te hará crecer un poco más y se va sumando a tu experiencia. El terminar un proyecto o una meta nos demuestra de lo que somos capaces, esto te puede abrir puertas a nuevas y mejores oportunidades donde te sientas más cómodo y seguro de lo haces pero que a pesar de esto te demuestras que no importa lo que se presente ya que tú puedes hacerte cargo de ello.

El tiempo no solo es el segundo aspecto que tratamos en el segundo postulado, sino al igual que el anterior es un parámetro que ha de ser incluso considerado como el primero de todos, esto se traduce de forma sencilla: si no tienes tiempo para realizar lo que quieres, no se materializará. Tan cierto como es que: el tiempo es dinero. En tal sentido tenemos que la ecuación esfuerzo y tiempo utilizados en su máxima expresión se elevará a su máxima potencia si somos capaces de lograr nuestras metas financieras y conseguir la estabilidad económica que se requiere para alcanzar la libertad financiera. Mientras más tiempo dediques e incluso seas exclusivo, puedes progresivamente conseguir la compensación económica y tendrás allí la fuente de tus recursos para avanzar a nuevos y mejores planes a futuro.

En tal sentido, como nada se encuentra estático e inerte en un lugar, incluso así son nuestras propias debilidades, aún cuando al ir avanzando pareciera que podemos encontrar que tenemos muchas más debilidades de las que pensábamos, ahí radica el dedicarle tiempo a tus debilidades para conocerlas con la firme intención de transformarlas en nuevas fortalezas. De este modo podemos evitar estancarnos, es una energía que por ende debemos dejar fluir. En este punto podemos tomar como ejemplo las dos primeras leyes de la termodinámica las cuales bien podrían referirse al contenido del tercer capítulo. Las debilidades no se destruyen si no que se transforman y estas jamás podrán volver a ser debilidades porque cambian parte de lo que era, ya no se encuentra, y es lo que transforma esto en fortalezas. Recordemos que la debilidad solo es el desconocimiento que tenemos a no saber abordar algo en concreto. Si sumamos esto a los dos aspectos anteriores obtenemos que si tenemos exclusividad de tiempo, esfuerzo y las debilidades cambiadas a fortalezas, nos aseguramos aún más el éxito económico.

Con respecto a la seguridad y la necesidad que tenemos de ella en todas sus expresiones, comprendemos mejor ahora que la seguridad no es solo una sensación y una necesidad básica, si no va mucho más allá, comenzamos con la seguridad emocional que desarrollamos en el progreso del aprendizaje y el conocimiento, además del enorme entramado de necesidades de seguridad que debemos conocer y prever en cualquier emprendimiento hasta conocer la seguridad que nos pueden ofrecer las aseguradoras ante riesgos futuros, inciertos e independientes, a nuestra propia seguridad que conlleva pérdidas económicas y que para cada riesgo hay diferentes clasificaciones de seguros que nos indemnizan y nos brindan la oportunidad, ante cualquier imprevisto, de no perder completa o parcialmente nuestra inversión. Con esto podemos seguir desarrollando nuestra meta, el tiempo, el esfuerzo y las fortalezas junto con la seguridad que nos da la oportunidad de no solo concluir nuestros proyectos, sino, a enfrentar otras oportunidades.

De igual forma se abordó el tema de los riesgos, haciendo mención a estos como parte del proceso y la vastedad de decisiones que deban tomarse. Estos siempre conllevan un margen de error, por tanto, vale la pena destacar que los más famosos empresarios empezaron corriendo riesgos, sin duda alguna, como todos nosotros no estaban exentos de que no les pasara pero solo con la pericia, la práctica y una buena toma de decisiones pudieron llegar al punto de conseguir ingresos pasivos. Esto les impulsó a conseguir la libertad financiera. Ellos aplican todo en el proceso para obtener resultados mucho más beneficiosos y a pesar de esto aun los siguen corriendo para elevar aún más, no solo sus ingresos sino también su crecimiento personal, demostrándose a sí mismos que pueden resolver una dificultad desde la perspectiva de que siempre existen múltiples alternativas pero tan sola una será la que más convenga.

Para finalizar tenemos, que si presentas esfuerzo en lo que haces, inviertes tiempo, presentas fortalezas que van aumentando poco a poco, tienes una seguridad, no solo emocional sino también financiera, tomas los riesgos de una forma planificada, le sumas a todo esto las cuatro "D", determinación, dedicación, dirección y disciplina no existirá un objetivo el cual no podamos cumplir y la libertad financiera vendrá a ti, pero esta libertad no es algo estático. Progresivamente hay que seguir una y otra vez poniendo en práctica todo lo que aprendimos en este libro para mantener no solo nuestro status quo, sino también el bienestar económico y la libertad financiera. Valiendo la pena recalcar lo antes ya señalado para el desarrollo de las cuatro "D", mantener el equilibro entre estas cuatro premisas te permitirá desarrollar características que te llevarán a alcanzar con éxito los objetivos trazados.

CPSIA information can be obtained
at www.ICGtesting.com
Printed in the USA
BVHW041046191219
567196BV00011B/738/P

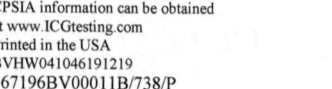

9 781647 770211